BRIGITTE KLEINOD

Dächer begrünen

UNTER MITARBEIT
VON
FRIEDHELM STRICKLER

MIT
63 FARBFOTOS
7 AQUARELLEN
10 ZEICHNUNGEN

VERLAG EUGEN ULMER
ÖSTERREICHISCHER AGRARVERLAG

Vorwort

Gärten werden immer kleiner, doch das Bedürfnis nach Naturnähe wächst. Deshalb werden in zunehmendem Maße Dächer begrünt, technische Systeme dafür entwickelt, Forschungen betrieben, Pflanzen erprobt und Gärtner geschult. Wozu also dieses Buch? Wie so oft, wenn ein Trend aufblüht, selektieren sich aus der Vielzahl von Möglichkeiten einige wenige heraus und führen gar, wenn es sich um Gegensätze handelt, zu Glaubenskriegen. Zum Thema Dachbegrünung finden Sie immer wieder die beiden gegensätzlichen Varianten Intensiv- und Extensivbegrünung, als wären nur üppig blühende Dachgärten oder wüstenähnliche Trockenstandorte möglich. Unser Schubladendenken versperrt uns leider oft die Sicht auf den Mittelweg, der in der Natur aber die häufiger anzutreffende Variante ist. Das Bedürfnis nach Professionalität hat zudem dazu geführt, dass sich begrünte Dächer in allen Teilen Deutschlands erschreckend ähneln. Genauso, wie sich auch die meisten Gärten in allen Teilen Deutschlands ähneln. Aber war ein begrüntes Dach nicht vor einigen Jahren noch Ausdruck von Umweltbewusstsein und Individualität?

Wir denken, dass es das auch wieder werden kann, wenn wir die ganze Vielzahl von Vorbildern aus der Natur und besonders die Fülle geeigneter Pflanzenarten, die sie uns bietet, berücksichtigen. Was dabei herauskommen kann, wollen wir eine naturnahe Dachbegrünung nennen. Reine Natur wird sie nie sein, da ihre Herstellung und Erhaltung immer mit einem gewissen technischen Aufwand und etwas Pflege verbunden ist. Dass sie sich aber gleichzeitig zum Vorteil anderer Lebewesen auswirken kann, soll in diesem Buch gezeigt werden. Wir hoffen, auch in Ihnen das nötige Naturverständnis wecken zu können, und Ihnen gleichzeitig die technischen Fertigkeiten zu vermitteln, ein Stückchen Erde in luftiger Höhe neu zu erschaffen. Es wird Sie Geld und Schweiß kosten, aber auch mit Stolz und noch mehr Freude erfüllen, wenn die ersten Falter um die Blüten schwirren.

Jedem, der mit einem begrünten Dach nicht nur optische Aufmöbelung oder einen Modetrend verfolgt, möchten wir hiermit einen Ratgeber an die Hand geben, wie er ein kleineres Dach selbst begrünen kann und denken, dass jede(r) handwerklich erfahrene Eigenheimbesitzer(in) dazu in der Lage ist.

Brigitte Kleinod und
Friedhelm Strickler

Waldems-Reichenbach und
Alzey-Heimersheim,
im Frühjahr 2000

Inhaltsverzeichnis

Bewachsene Dächer

IM WANDEL DER ZEIT

In einer Zeit, da die Grundstückspreise immer höher, die Gärten kleiner und die naturnahen Flächen immer weniger werden, sind Alternativen gefragt. Mögen wir noch so sehr für den Naturschutz eingestellt sein, unser Hausbau und auch die Gartenanlage haben unwiederbringlich ein Stück Natur zerstört.

Historische Beispiele

Dachterrassen und begrünte Dächer gibt es schon seit einigen Tausend Jahren. Ob es die Verbesserung des Wohnklimas in heißen Gegenden, die hohen Grundstückspreise wie im alten Rom, die Repräsentation eines Herrschers oder andere Gründe waren, alle diese Bauwerke waren technisch ausgereift und haben ihre Bewohner erfreut.

Die ältesten bekannten Beispiele für Dachterrassen sind nur aus Berichten übermittelt, die aus der Zeit um etwa 900 v. Chr. stammen.

Das wohl berühmteste und aufwendigste Dachgartensystem sind die hängenden Gärten der Königin Semiramis im Babylon des 6. Jh. v. Chr. Weniger repräsentativ, dafür aber umso nützlicher, waren Dachgärten im antiken Rom, die aufgrund mangelnder Grundstücksfläche auf den Flachdächern angelegt wurden. Diese wurden durch das Aufstellen größerer Pflanzgefäße komplettiert, sogar Obstbäume und Fischteiche fanden auf den Dächern Platz. Dachgärten wurden aber auch später immer wieder angelegt, in südlichen Ländern nicht nur von reichen Hausbesitzern zum Vergnügen, sondern auch im bürgerlichen und bäuerlichen Milieu als zusätzlicher Wohnraum. Selbst für die Kultivierung von Nutzpflanzen wie Wein, Gewürze und verschiedene Gemüsearten wurden sie genutzt. Diese Gärten waren überschaubar und für viele unerwünschte Eindringlinge unerreichbar. Neben nützlichen Erwägungen war es aber sicher auch die Sehnsucht, unmittelbar in der Natur zu leben, ohne gleichzeitig auf modernen Wohnkomfort verzichten zu müssen, was die Bewohner auch vor dem erheblichen technischen Aufwand nicht zurückschrecken ließ.
Dächer wurden aber auch aus klimatischen Gründen begrünt. Sowohl in heißen als auch kalten Klimazonen sind sie wichtiger Bestandteil der traditionellen Architektur.
Kanadische Grassodenhäuser, skandinavische Grasdächer und isländische Torfsodenhäuser sind bekannte Beispiele aus den kalten Klimazonen, bei denen die Dachflächen geneigt sind, um das überschüssige Regenwasser abfließen zu lassen. In südlichen Zonen mit wenig Niederschlägen dienen Flachdächer zum Auffangen des Regenwassers, welches dann in eine Zisterne abgeleitet wird. Eine Begrünung mindert auf dem Dach zwar die Menge nutzbaren Regenwassers, hat aber eine wesentlich verbesserte Klimatisierung der Wohnräume unter dem Flachdach zur Folge.

Bewachsene Dächer isolieren gegen Hitze und Kälte, verbessern das Innenklima, gleichen Temperaturschwankungen aus, schützen die Dachhaut und mindern den Lärm auftreffenden Regens.

Auf der Stroheindeckung dieses Schafstalls in den trockenen Cevennen haben sich zahlreiche Pflanzenarten angesiedelt, die hier vor Verbiss geschützt sind.

Heute stehen die Bewohnbarkeit und beste Raumausnutzung des Daches bei Planung und Bau im Vordergrund. Dies hat steile Dachformen zur Folge, die sich nicht leicht begrünen lassen. Flachdächer finden meist nur noch bei Nebengebäuden wie Anbauten, Garagen und Carports Anwendung. Desto unverständlicher ist es, dass es in der heutigen Zeit noch viel zu wenige begrünte Garagendächer gibt. Hier liegt noch viel Fläche brach, die sich nicht nur mit wenig Aufwand bepflanzen ließe, sondern auch mit einer Minderung des Wasserabflusses einen Beitrag zum Umweltschutz leisten könnte.

Intensive und extensive Begrünung

Bei den Vorüberlegungen zu einer Dachbegrünung spielt die spätere Nutzung und damit verbunden die Begrünungsform eine wichtige Rolle. Um die richtige Entscheidung treffen zu können, werden nachfolgend die beiden Grundtypen erläutert.

Intensive Begrünung

Intensiv wird eine Begrünung genannt, wenn das Substrat (das ist die „Erde“, welche die Dachpflanzen benötigen) dicker als etwa 20 cm aufgetragen wird, wenn dieses Substrat nährstoffreich ist und die Pflanzen hinsichtlich ihrer Wasser- und Nährstoffversorgung anspruchsvoll sind. Bedingt durch die anspruchsvolle Bepflanzung eines intensiv begrünten Daches muss auch eine intensive Pflege erfolgen. Wasserspeicher unter dem Substrat, die zusätzliches Gewicht und damit zusätzliche bauliche Anforderungen stellen, oder eine Wasserversorgung aus der Leitung, regelmäßige Düngung und Pflege der

Intensive Dachbegrünung auf einem Kindergarten des Künstlers Friedensreich Hundertwasser mit Rasen, Büschen und Bäumen.

Extensiv begrünte Dächer benötigen nur dünne Substratschichten und bedürfen kaum der Pflege.

Pflanzen wie Rückschnitt, Jäten und Mähen erfordern hohen Aufwand, weshalb in diesem Fall auch von Dachgärten gesprochen wird. Die Anlage intensiver Begrünungen sollte von Fachleuten erfolgen und auf keinen Fall vom Laien allein ausgeführt werden.

Extensive Begrünung

Extensive Begrünungsformen sind leichter herzustellen, wenn die technischen Voraussetzungen geschaffen werden können und ein gewisses ökologisches Verständnis für die Bedürfnisse der Pflanzen auf dem Extremstandort Dach vorhanden ist.
Bei der Extensivbegrünung müssen die Pflanzen mit sehr wenig Substrat auskommen (Schichtdicken zwischen

6 und 15 cm), was bedeutet, dass ihre Wasserversorgung stark eingeschränkt ist. Es eignen sich also nur Pflanzen trockener Standorte, die in der Regel auch ein geringes Nährstoffbedürfnis haben. Der Vorteil einer Begrünung mit Pflanzen trockener und magerer Standorte besteht darin, dass diese nur wenig wachsen und deshalb auch nicht geschnitten werden müssen. Der Begriff extensiv steht also hier als Gegensatz zu intensiv und meint sowohl Aufbaustärke und Nährstoffgehalt des Substrates als auch die Pflege der Begrünung.
Für extensive Dachbegrünungen eignen sich nicht alle Pflanzenarten, es

Naturnahe Begrünungen weisen die größte Vielfalt heimischer Arten auf und sind dennoch leicht zu pflegen.

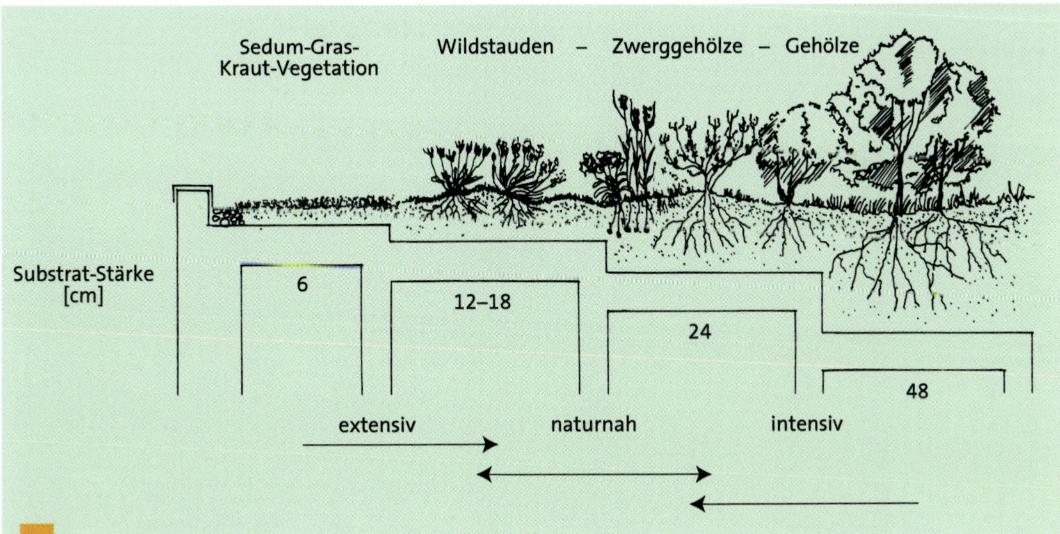

Die Begrünungsform wird im Wesentlichen von Höhe und Zusammensetzung der Substratschicht bestimmt.

Dachbegrünungssysteme werden inzwischen von vielen Firmen für intensive als auch extensive Begrünungsformen angeboten. Sowohl die technischen Materialien als auch das Substrat und die Pflanzen sind hier aufeinander abgestimmt und werden fertig eingebaut. Der Vorteil dieser Angebote besteht darin, dass die Materialien zueinander passen, die Systeme technisch ausgereift sind und erfahrene Landschaftsgärtner Einbau und Gewährleistung übernehmen. Dagegen sind die entstehenden Kosten höher als bei einer Begrünung in Eigenregie, die Artenvielfalt dagegen meist geringer.

sind allerdings wesentlich mehr, als üblicherweise auf Dächern angepflanzt werden.

Naturnahe Begrünung

Neben den beiden genannten Alternativen soll hier eine naturnahe Begrünungsform vorgestellt werden, die zwar als extensiv in Bezug auf die Pflege und die verwendeten Substrate bezeichnet werden muss, sich aber sowohl in ihrem Erscheinungsbild als auch hinsichtlich der verwendeten Pflanzenarten von üblichen Extensivbegrünungen unterscheidet. Nach dem Vorbild der Natur werden hier vorwiegend heimische Wildpflanzen in ein reich strukturiertes Ersatzbiotop gepflanzt, welches auf diese Weise für viele Tierarten attraktiv wird.

Vom ökologischen Nutzen begrünter Dächer

Extensiv und naturnah begrünte Dächer ähneln weniger Gärten als natürlichen Magerstandorten, wie sie in unseren Breiten immer seltener werden. Sie kommen z. B. im Hochgebirge in Form von Geröllhalden, im Mittelgebirge als Trockenrasen und in der Ebene als Düne oder Sandrasen vor. Auch manche menschliche Ein-

Naturnähe und Schönheit sind keine Gegensätze, wie diese Dachgestaltung zeigt.

griffe haben magere Standorte entstehen lassen, so z. B. die verschiedenen Heidearten, Kiesabbau, Steinbrüche, aber auch Ruderalflächen durch Abtragung des Oberbodens sowie Wege und Plätze durch Einbringung von Schotter.

Ein mit Dachpappe gedecktes kleines Gartenhaus im Schatten hat sich selbst begrünt.

Spontanbesiedler

Wie mager Standorte sein können und doch noch von Pflanzen begrünt werden, zeigen uns die Spontanbesiedlungen von Dacheindeckungen. Entsprechend den vorherrschenden Klimabedingungen auf dem Dach werden Eterniteindeckungen, Tonziegel und sogar Dachpappen von Algen, Flechten und Moosen besiedelt. Deren Polster dienen nach einiger Zeit anderen Pflanzen als Wurzelgrund. Jede Unebenheit hält angewehte Bodenteilchen, Laub und Samen fest, sodass sich die besiedelbare Auflage auf der Dacheindeckung von selbst erhöht. Auf Kiesdächern können sich auf diese Weise spontan dauerhafte und schöne Dachbegrünungen entwickeln, die selbst 50 Jahre später keine technischen Probleme bereiten.

Ersatzlebensraum Dach

Mit der extensiven Begrünung von Dächern können wir also den Pflanzen magerer Standorte einen neuen Platz schaffen, was aber die Zerstörung natürlicher Vorkommen nicht rechtfertigt und auch kein ausreichender Ausgleich dafür ist. Überhaupt sollten wir uns nicht verleiten lassen zu glauben, dass es einen Ersatz für ungestörte Natur gäbe, wir also wirkliche Ersatzlebensräume schaffen könnten. Der Lebensraum einer Art, auch Biotop genannt, muss schon größer sein als einige Quadratmeter Dachfläche und, ganz wichtig, angekoppelt sein an andere Biotope. Dachflächen sind in den meisten Fällen aber nur Inseln, groß genug für viele Individuen um zu überleben, aber zu klein um das Überleben einer Art zu sichern. Dennoch leisten sie einen wichtigen Beitrag zur Ökologie, besonders wenn sie durch Anböschung an den Garten angekoppelt sind. Für Tiere stellen begrünte Dächer zwar keinen Ersatz für verloren gegangene Lebensräume dar, aber sie können bei richtiger Pflanzenwahl wichtige Nahrungsquellen und attraktive Aufenthaltsorte sein. Selbstverständlich können wir nur aktive Flieger erwarten wie Insekten und Vögel. Doch auch sonnenhungrige Eidechsen oder manch flinkes Wiesel dürfte das Dach entdecken, wenn wir für eine Einbindung in den möglichst naturnahen Garten und für Aufstiegshilfen sorgen.

Die Anbindung des begrünten Daches an den Garten ist hier vorbildlich gelungen.

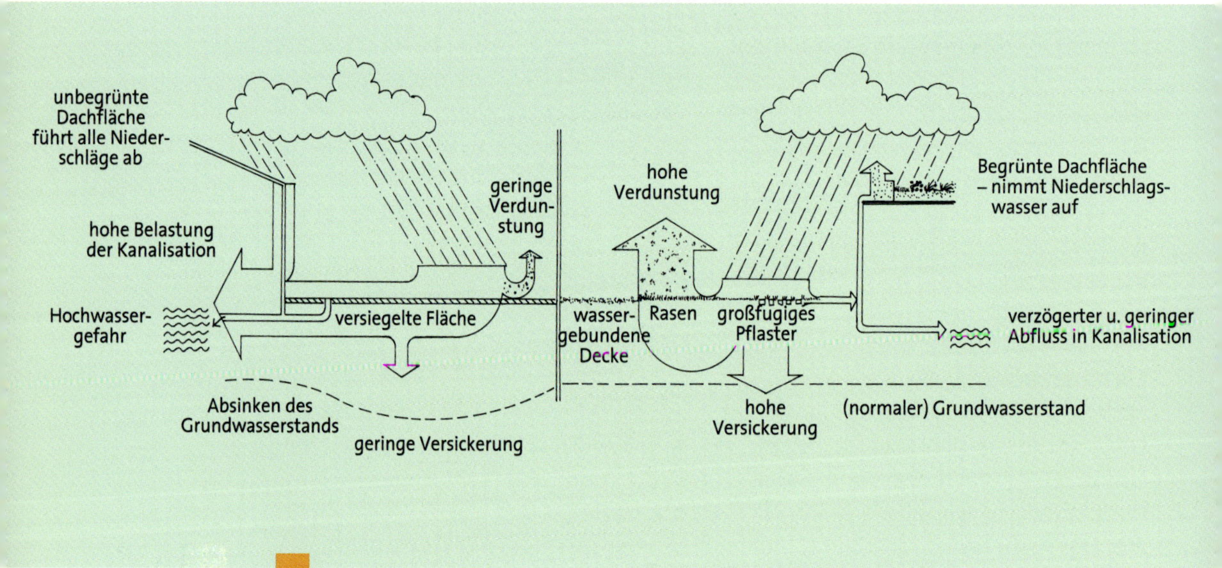

Dachbegrünungen mindern durch hohe Verdunstung und verzögerten und verminderten Wasserabfluss die negativen Auswirkungen der Bodenversiegelung durch Gebäude. Sie tragen damit zum Hochwasserschutz und zur Grundwasserneubildung bei.

Andere Tierarten, beispielsweise die Schnirkelschnecken, nutzen die aktiven Flieger als „Taxi" und lassen sich auf das Dach tragen. Wem es auf dem Dach gefällt, das heißt, wer die richtigen Bedingungen vorfindet, der bleibt, und so kann sich ein naturnah begrüntes Dach nach einigen Jahren zu einer kleinen funktionierenden Lebensgemeinschaft entwickeln, die den Namen Biotop eher verdient, als so mancher Gartenteich.

Dachbegrünungen werten ein Dach optisch auf und haben einen positiven Einfluss auf das Klima. Sie mindern den Regenwasserabfluss in die Kanalisation erheblich und schaffen neue Lebens- und Aufenthaltsräume für Pflanzen und Tiere.
Der ökologische Wert eines intensiv begrünten Daches entspricht dabei in etwa dem eines ähnlich angelegten Gartens. Je mehr heimische Pflanzenarten darin verwendet werden, desto größer ist auch die Vielfalt der Tierarten, die sich einfinden oder ansiedeln. Allerdings ist die Einwanderung und Neubesiedlung durch die Insellage auf Dächern schwieriger als bei Gärten.

Das Gründach als Klimaverbesserer

Neben dem ökologischen Wert für Pflanzen und Tiere haben Dachbegrünungen einen großen positiven Einfluss auf das Stadtklima, denn das schlechte Klima unserer Städte ist auch auf die zu wenigen und/oder zu kleinen Grünflächen zurückzuführen. Ein Teil der überbauten und versiegelten Flächen kann durch Begrünung von Fassaden und Bepflanzung der dafür geeigneten Dächer zurückgewonnen werden. Begrünte Flächen mindern und verzögern zudem den Regenabfluss. Alle Niederschläge, die direkt in Gewässer abgeleitet werden und nicht im Boden versickern können, gehen für die Grundwasserneubildung verloren. Offenporige Flächen wie unversiegelte Wege und Plätze und alle Grünflächen erlauben eine Rückführung der Niederschläge in den Wasserkreislauf. Bei begrünten Dachflächen wird der Wasserabfluss erheblich verzögert, da die Dachsubstrate ein hohes Wasserspeicher- und Wasserhaltevermögen haben. Ein Großteil des Niederschlagwassers wird von den Pflanzen aufgenommen, über Verdunstung wieder abgegeben und verbessert durch Bindung von Staub und Pollen die Luft erheblich. Die Verdunstung bewirkt außerdem eine Abkühlung der Luft, was uns zeigt, wie wichtig Oberflächenwasser für die Klimaverbesserung ist.

Dachbegrünungen haben außerdem eine nicht zu unterschätzende positive psychologische Wirkung, denn Pflanzen sind nicht nur Luftbefeuchter, Temperaturregulatoren, Sauerstoffproduzenten, Staubfänger, Schalldämmer und Nahrung für Tiere, sie ermöglichen auch Naturbeobachtung und -erfahrung. Die optischen, geruchlichen und taktilen Sinneserfahrungen, die uns Pflanzen ermöglichen, stellen eine Bereicherung menschlicher Lebenserfahrung dar. Und auch das Erleben der Jahreszeiten am Beispiel der Pflanzen zeigt uns immer wieder unsere Verbundenheit mit und die Abhängigkeit von der Natur.

Verschiedene Dächer

TECHNISCH BETRACHTET

Die Art eines Daches ist mitbestimmend für die Begrünungsform. Seine architektonische Form ist in der Regel gegeben und nur mit erheblichem Aufwand veränderbar. Bevor Sie eine Begrünung planen, sollten Sie sich deshalb über die technischen Bedingungen, die für Ihr Dach gelten, im Klaren sein.

Die Gefällesituation oder Dachneigung, die Lastreserven, die Windbelastung, die Himmelsrichtung, aber auch die Verschattung durch angrenzende Bauteile und die Niederschlagsmenge sind Bedingungen, die vor einer anstehenden Begrünung bekannt sein müssen. Andere Gegebenheiten wie die Entwässerung, Randprofile, die über die Höhe des Aufbaues entscheiden, oder ungeeignete Dachhäute sind veränderbar. Selbst Wärmedämmungen lassen sich zusammen mit einer Begrünung nachträglich einbauen.
Bei Neuplanungen muss aber nicht davon ausgegangen werden, dass sich nur Flachdächer für eine Begrünung eignen. Auch Steil- und sogar Tonnendächer sind schon erfolgreich bepflanzt worden, eine leichte Neigung ist sogar vorteilhaft. Zu steile Dächer erfordern dagegen spezielle Techniken, die nur unter Hinzuziehung von Fachleuten geplant und begrünt werden sollten.

Praxisgerecht und unter vegetationstechnischen Gesichtspunkten betrachtet, werden unterschieden:

- **Flachdächer mit 0 bis 2 % Gefälle, auch Null-Grad-Dächer genannt,**
- **schwach geneigte Dächer mit 2 bis 5 % Gefälle, das entspricht etwa 1 bis 3° Neigung,**
- **stärker geneigte Dächer mit 4 bis 15° Neigung,**
- **Steildächer mit etwa 15 bis 45° Neigung,**
- **Tonnendächer.**

Dachneigung

Für die Dachbegrünung ergeben sich andere Definitionen der Gefälleabstufung als für das Dachdeckerhandwerk. Für Dächer mit einer Neigung > 45° ist eine Begrünung in der Regel nicht sinnvoll und viel zu aufwendig. Nur bei Tonnendächern, einer Sonderform geneigter Dächer, mit sich ständig ändernden Neigungswinkeln von 0° am First bis zu 90° an der Traufseite, ist der technische Aufwand vertretbar, da lediglich ein sehr kleiner Anteil der Dachfläche sehr steil ist.
Allgemein kommt ein Gefälle der Dachfläche einer Extensivbegrünung entgegen, da es sich hier um trockenheitsliebende Pflanzengesellschaften handelt, die keine Staunässe vertragen. Bei Null-Grad-Dächern kann ein Gefälle auch nachträglich durch einen Aufbau keilförmiger Wärmedämmelemente unter der Wurzelschutzbahn hergestellt werden.
Intensivbegrünungen mit ihrem höheren Wasserbedarf können ebenfalls auf Dächern bis zu 5 % Gefälle realisiert werden, allerdings muss hier durch spezielle Anstauverfahren gewährleistet werden, dass das Wasser aus der notwendigen Zusatzbewässerung nicht zu schnell abfließt.
Die Gefällesituation auf dem Dach hat neben der Wasserversorgung auch ganz wesentliche Auswirkung auf die Einstrahlungsverhältnisse des Sonnenlichtes.
Stark geneigte Dächer sind ungewöhnlich hohen Strahlungs- und da-

mit Temperaturbelastungen ausgesetzt, wie sie nur an Sonderstandorten wie Hängen und Felswänden vorkommen. Für die Pflanzen ist jedoch auch die mittlere Sonnenscheindauer wichtig, die sich aus der Himmelsrichtung ergibt, sodass ein steiles nach Norden zeigendes Dach weniger Strahlungsintensität erfährt als ein flach geneigtes nach Süden ausgerichtetes Dach.
Auch bei der Substratwahl ist die vorhandene Dachneigung zu berücksichtigen. Da es sich bei den geeigneten Materialien um Schüttstoffe handelt, die keine oder nur wenige bindende Bodenanteile enthalten, ist die Gefahr des Abrutschens bei Neigungen über 15° generell gegeben. Die Rutschgefahr ist direkt nach dem Einbau des Substrates am größten, wogegen die Wurzeln einer eingewachsenen Pflanzendecke diese Gefahr ganz erheblich mindern. Starker Wind und Regen können ebenfalls zum Abrutschen des Substrates führen.

Der maximale Einstrahlungswinkel der Sonne im Sommer entspricht etwa 60° auf einer waagerechten Fläche. Bei 20° Dachneigung ergibt sich ein Einstrahlungswinkel von 80°, bei 30° Neigung von 90°, was bereits den Strahlungsverhältnissen am Äquator entspricht. Bei Dachneigungen > 30° wird der Winkel der Sonneneinstrahlung im Sommer wieder kleiner, im Winter, wenn die Sonne niedriger steht, aber relativ größer.

Dachdämmung

Dachkonstruktionen sind Trennelemente zwischen Innenraum und Außenraum, sie bilden den „Baugrund“ für die Dachbegrünung und unterliegen in besonders hohem Maße Klimaeinflüssen. Deshalb müssen Materialien und Konstruktionen gefunden werden, welche die Funktionen Wärmeschutz, Feuchtigkeitsschutz, Schallschutz und Brandschutz erfüllen. Heute sind bei jedem Neubau und jeder Sanierung besondere Wärmeschutzmaßnahmen bindend vorgeschrieben und müssen vom Statiker berechnet und geprüft werden.

Wohngebäude

Für bewohnte Gebäude muss vor der Begrünung von zuständigen Fachleuten das Wasserdampfdiffusionsverhalten, besonders hinsichtlich der Verla-

Die wärmedämmende Wirkung von Dachbegrünungen ist nicht leicht zu bestimmen und kann je nach Durchfeuchtungsgrad des Substrats bei ein und demselben Aufbau sehr unterschiedlich sein. Sie entspricht nicht im Mindesten den neuesten bauphysikalischen Anforderungen und ist daher kein Ersatz für moderne Wärmedämmstoffe. Als sommerlicher Wärmeschutz und zum Abmildern von Temperaturspitzen ist eine positive Wirkung von Dachbegrünungen bei ungenügend gedämmten Altbauten jedoch nachgewiesen. Auch bei unbeheizten Gebäudeteilen wie Garagen hat sie eine Pufferwirkung und verzögert den Frostbeginn im Inneren.

gerung des Taupunktes, untersucht werden. Insbesondere Dächer von Altbauten dürfen nicht einfach begrünt werden, selbst wenn dies statisch kein Problem darstellt, denn die Funktionsfähigkeit der Dampfsperre muss gewährleistet bleiben. Das bedeutet, dass eine zusätzliche Wurzelschutzbahn oberhalb der Dachdichtung einen niedrigeren Wasserdampfsperrwert haben sollte als die Dachdichtung selbst. Besonders bituminöse alte Dachabdichtungen haben oft erhebliche Wassermengen aufgenommen und dürfen deshalb nicht ohne weiteres mit einer Wurzelschutzbahn überzogen werden. Trotzdem muss die für eine Begrünung wichtige Wurzelschutzbahn, auch bei nachträglicher Dämmung von außen (Umkehrdach), immer unter der Dämmschicht zu liegen kommen.

Nebengebäude

Bei unbewohnten und unbeheizten Nebengebäuden wie Garagen oder Gartengerätehäusern, wird in der Regel auf Wärmedämmung und Hinterlüftung verzichtet. Da keine großen Temperaturdifferenzen zwischen in-

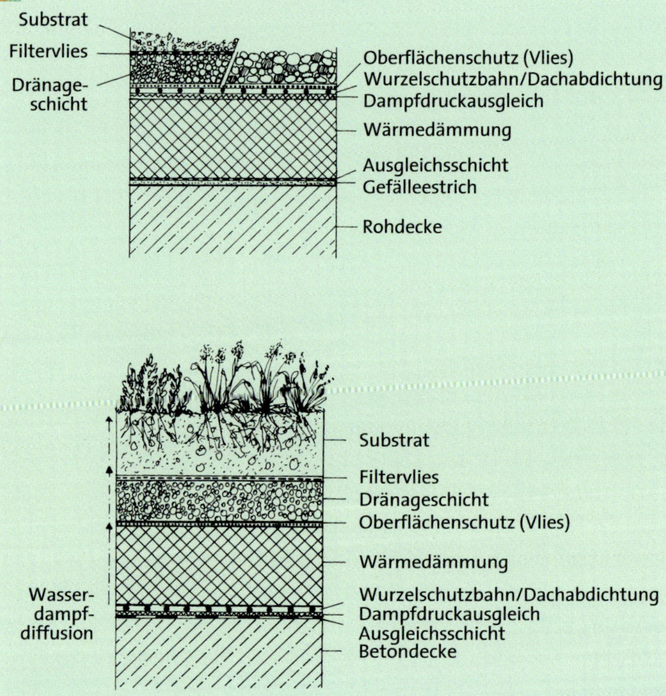

Möglichkeiten nachträglicher Wärmedämmung und Begrünung einschaliger Flachdächer.

Oben: Nicht belüftetes wärmegedämmtes Flachdach mit Dachabdichtung (hier gleichzeitig Wurzelschutzfolie) über der Wärmedämmung.

Unten: Umkehrdach mit Wärmedämmschicht über der Dachabdichtung (hier gleichzeitig Wurzelschutzfolie).

nen und außen entstehen, kann sich auch kein Kondenswasser bilden. Hier kann in der Regel auch der Laie die anstehenden Berechnungen und Arbeiten ausführen.

Dachlasten

Die Möglichkeiten einer Begrünung und die Begrünungsart werden von der Tragfähigkeit des Daches begrenzt. Bei der Lastannahme muss zwischen ständigen Lasten und Verkehrslasten unterschieden werden. Erstere entstehen durch die Dachkonstruktion selbst und den Aufbau in Form von Dacheindeckung oder Begrünung, letztere treten nur kurzfristig in Form von Wind- und Schneelasten auf und wenn das Dach zu Pflege- bzw. Wartungsarbeiten betreten wird.

Steht eine nachträgliche Wärmedämmung an, sollte diese sinnvollerweise zusammen mit der Begrünung geplant werden. Wählen Sie dazu einen Architekten oder Dachdecker, der die notwendigen Erfahrungen hat, denn alle verwendeten Stoffe müssen aufeinander abgestimmt und alle Lasten berechnet werden, was bedeutet, dass die endgültige Aufbauhöhe und die angestrebte Vegetationsform von Anfang an feststehen müssen.

Ständige Lasten

Der Schichtenaufbau der Begrünung bildet zusammen mit der Vegetation eine ständige Last. Dabei sind die Gewichte von Dichtungsbahn und Vliesstoffen vernachlässigbar, schwere Schutzlagen und Wärmedämmungen müssen jedoch in der gesamten Lastenbilanz berücksichtigt werden. Für die Dränschichten und Substrate muss immer das Gewicht im wassergesättigten Zustand angenommen werden. Kurzfristige Überschreitungen der Lastenannahme, z. B. für die Begehung bei den Begrünungs- und Pflegearbeiten, sind jedoch zulässig, da jede Dachkonstruktion über zusätzliche Lastreserven für Schneelasten verfügt, in der Regel 0,75 kN (75 kg) pro m² Grundfläche.
Bei der nachträglichen Begrünung von Flachdächern reichen die Lastannahmen von etwa 1 kN/m² für die übliche Kiesschicht für eine Extensivbegrünung aus, wenn die Kiesschicht vor der Aufbringung des Substrats abgeräumt wird. Vorsichtshalber sollte aber immer in der Statik nachgeschaut werden, für welche ständigen Lasten, zu denen auch Bauelemente wie Randabgrenzungen, Platten und Pergolen gehören, die Dachkonstruktion ausgelegt ist.

Verkehrslasten

Darunter werden alle veränderlichen Lasten verstanden, die z. B. durch Personen, Wind und Schnee verursacht werden. Sie dürfen für Begrünungsarbeiten kurzfristig in Anspruch genommen werden, aber nicht dauerhaft den ständigen Lasten zugerechnet werden.
Die Tabellen zeigen Lastannahmen für Substrate im wassergesättigten

Lastreserven und Begehbarkeit entscheiden mit über die Begrünungsform.

Zustand, die bei der Dachbegrünung verwendet werden, in kg/m² bei einer Schichtdicke von 1 cm. Diese Flächenlast muss demnach mit der geplanten Schichtdicke multipliziert werden. Außerdem muss sie mit der Last der geplanten Vegetationsform addiert werden. Alle weiteren Materialien wie Mulchschichten und Dekorationselemente müssen ebenfalls hinzugerechnet werden, sodass sich die ständige Last aus allen Schichten des Begrünungsaufbaues zusammensetzt. Bei der Mischung von Substraten verschiedener Bestandteile gehen diese mit ihrem spezifischen Gewicht in Prozent ihres Volumenanteiles an der Mischung ein.
Spezielle Konstruktionen, wie z. B. Traufdränagen aus Kiesschüttungen, dürfen die errechnete Lastannahme überschreiten, wenn sie über einer tragenden Wand des Gebäudes errichtet werden. Bei Null-Grad-Dächern mit Intensivbegrünung und Wasserspeicher oder -anstau muss die gespeicherte Wassermasse unbedingt als ständige Last berücksichtigt werden. Die Lastreserven, die ein Dach für eine Belastung durch eine Begrü-

Volumengewichte und Flächenlasten von Schüttstoffen als Dränagematerialien in trockenem Zustand und bei maximaler Wasserkapazität (nach Liesecke 1988, verändert)

Dränmaterial	Körnung (in mm)	Vol.-Gewicht trocken (in t/m³)	Vol.-Gewicht nass (in t/m³)	Flächenlast nass bei 5 cm Schichtdicke (in kN/m²)
Kies	4/8 bis 8/16	1,55 bis 1,75	1,60 bis 1,80	0,08 bis 0,10
Lava	1/5 bis 4/12	0,95 bis 1,15	1,10 bis 1,40	0,06 bis 0,07
Bims, gereinigt	2/4 bis 4/12	0,35 bis 0,45	0,70 bis 0,80	0,04
Bims, ungereinigt	2/4 bis 2/12	0,80 bis 0,90	1,10 bis 1,20	0,06
Blähton, ungebr.	4/8 bis 8/16	0,40 bis 0,50	0,50 bis 0,60	0,02 bis 0,03
Blähton, gebrochen	2/4 bis 4/8	0,45 bis 0,60	0,60 bis 0,80	0,03 bis 0,04
Blähschiefer	2/4 bis 8/18	0,50 bis 0,60	0,60 bis 0,80	0,03 bis 0,04
Ziegelbruch	4/8 bis 8/16	0,08 bis 0,09	1,00 bis 1,10	0,05 bis 0,06

Dränschichten aus Kunststoffen und deren Flächenlast bei maximaler Wasserkapazität (nach Liesecke 1988, verändert)

Material	Schichtdicke (in mm)	Flächenlast (in kN/m²)
Dränmatten		
Strukturvliesmatte	10	0,056 bis 0,075
Kunststoff-Noppenmatte	12	0,021 bis 0,023
Fadengeflecht-Matte	10 bis 22	0,022 bis 0,024
Stroh-Kokos-Matten	10 bis 20	0,40 bis 0,50
Dränelemente		
Hartkunststoff mit Anstau (mit Lava 4/8 verfüllt)	60	0,24 bis 0,26
Schaumstoff ohne Anstau	50	0,018 bis 0,025
Schaumstoff ohne Anstau	100	0,33 bis 0,36

Flächenlasten von Substraten für Dachbegrünungen bei maximaler Wasserkapazität (nach Liesecke 1988, verändert)

Vegetationssubstrate als mineralische Schüttstoffe	Körnung (in mm)	Flächenlast je cm (in kN/m²)
Lava	1/12	0,11 bis 0,14
Bims, gereinigt	2/12	0,07 bis 0,08
Bims, ungereinigt	2/12	0,11 bis 0,12
Blähton, gebrochen	2/8	0,07 bis 0,08
Blähschiefer, gebrochen	2/11	0,07 bis 0,08

Vegetationssubstrate als mineralische Gemische	Flächenlast je cm (in kN/m²)
Bims-Lava-Gemische	0,13 bis 0,16
Blähton- und Schiefer-Gemische	0,10 bis 0,13
Rindenhumus- Mineralstoff-Gemische	0,11 bis 0,13
Sand-Boden-Gemische mit mineral.- und organ. Zuschlagstoffen	0,16 bis 0,18

Zur Umrechnung der verschiedenen Einheiten werden folgende Zusammenhänge benötigt:

Zur Ermittlung der Nutzlast pro Flächeneinheit (kN/m²):
Maximale Belastung – Schneelast – Verkehrslast = Nutzlast.

Das spezifische Gewicht von Substratmischungen (kN/m³) errechnet sich aus der Summe der spezifischen Teilgewichte (kN/m³):

$$\frac{\text{\% Anteil} \cdot \text{spez. Substratgewicht A}}{100\,\%} + \frac{\text{\% Anteil} \cdot \text{spez. Substratgewicht B}}{100\,\%} \quad \text{usw.}$$

Die mögliche Substratdicke in Metern kann errechnet werden aus:

$$\frac{\text{Nutzlast (kN/m}^2\text{)} - \text{Pflanzenlast (kN/m}^2\text{)}}{\text{spezifisches Substratgewicht (kN/m}^3\text{)}}$$

(Anmerkung: 1 kN entspricht in etwa der Gewichtskraft von 100 kg.)

nung hat, sind aber auch vom Zustand der einzelnen Bauteile wie der Dicke einer Betondecke, der Abstände der Dachsparren, dem Alter der Konstruktionsmaterialien u.a. abhängig, sodass eine Berechnung der möglichen Substratdicke, zumindest für bewohnte Gebäude, auch immer von einem Statiker überprüft werden sollte.

Dichtigkeit und Wurzelbeständigkeit

Da jedes Dach das dazugehörige Gebäude vor Niederschlägen schützen soll, muss die Dachdichtigkeit immer gewährleistet sein. Daher sollten alle Dachhäute vor der Begrünung auf Dichtigkeit geprüft werden. Dazu wird ein Flachdach drei Tage lang unter Wasser gesetzt und überprüft, ob irgendwo Wasser austritt. Dächer mit geringem Gefälle und Aufkantungen können durch Zustopfen der Abflüsse ebenso auf diese Weise getestet werden. Auch alle Nähte und Anschlüsse an andere Bauteile müssen sorgfältig überprüft werden. In der Regel ist es aber immer sinnvoll, eine neue Wurzelschutzfolie zusätzlich aufzulegen, auch wenn die alte noch dicht erscheint. Da sich die Materialien aber oft chemisch nicht vertragen, sollten sie durch eine Vlieslage voneinander getrennt werden.

Schutz vor Schäden

Bei eingedeckten Dächern wird die Dachpappe oder die darunter befindliche Unterspannbahn vor dem schädigenden UV-Licht geschützt, bei Flachdächern hat eine Kiesschicht dieselbe Wirkung. Begrünte Dächer schützen die darunter liegenden Bauteile noch wirkungsvoller, da Substrat und Vegetation die Dachdichtung nicht nur vor UV-Strahlung, sondern auch vor schädigenden extremen Temperatur-

schwankungen und aggressiven chemischen Stoffen abschirmen.
Andererseits kann es aber auch durch falsche Substrat- und Pflanzenwahl zu Schäden an der Dachdichtung kommen, weshalb der Schutz des Bauwerkes vor Wurzelschäden ein unverzichtbarer Teil der technischen Grundanforderungen an die Dichtigkeit und Haltbarkeit ist. Geprüfte Wurzelschutzfolien ausreichender Dicke verhindern das Einwachsen der Wurzelspitzen aber nur, wenn alle Nähte und Durchgänge von Leitungen und Ähnlichem fachgerecht abgedichtet werden. Bei Intensivbegrünungen entstehen außerdem nicht unerhebliche mechanische Belastungen durch verholzende Wurzeln, besonders dann, wenn sich die Bewegungen der Pflanzen im Wind als Reibung auf die Wurzelschutzbahn übertragen. Bei Dachbegrünungen mit geringer Schichtdicke und kleineren Pflanzen bildet sich auf der obersten Schutzlage in der Regel ein dichter Wurzelfilz aus, der jedoch keinen Schaden verursacht, da die Wurzeln nicht verholzen. Wurzelhemmende Schutzanstriche sind nicht ausreichend, sodass immer eine geprüfte Wurzelschutzbahn verwendet werden sollte. Diese kann aus denselben Kunststoffen bestehen, wie sie auch für Dach- und Bauwerksabdichtungen verwendet werden. Nur wasserundurchlässiger Beton kann als wurzelfest gelten, wenn er keine Risse aufweist und alle Fugen fachgerecht abgedichtet werden.

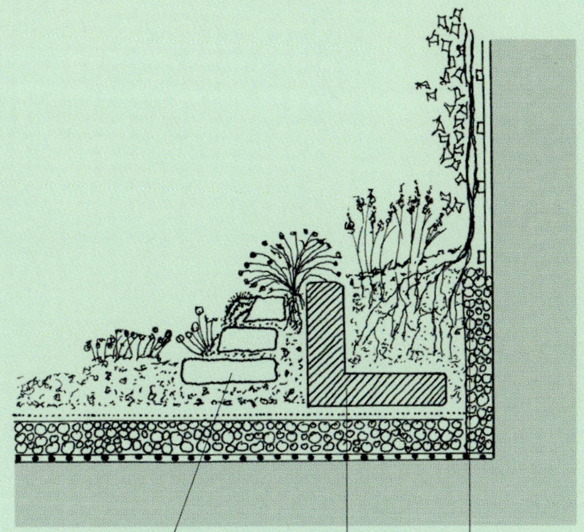

Beispiel einer Substraterhöhung mit Beton-L-Stein an aufsteigender Fassade für eine Fassadenbegrünung.

Wurzelschutzschicht und Trennlage

Eine Wurzelschutzschicht kann einlagig in Funktion mit der Abdichtung oder als zusätzliche, von der Abdichtung getrennt verlegte Lage angeordnet werden. In der Regel erfüllen aber die gebräuchlichen Folien beide Funktionen gleichzeitig.
Soll nur eine Teilfläche des Daches begrünt werden, ist es trotzdem sinnvoll, die Wurzelschutzschicht vollflächig zu verlegen. An allen Rändern des Daches und angrenzenden aufsteigenden Bauteilen muss die Wurzelschutzbahn nahtlos 15 cm höher

Als notwendige Trennlage zwischen zwei Abdichtungen, z. B. einer alten Dachhaut und einer neuen Wurzelschutzfolie, können Vliese verwendet werden.

als die geplante Aufbaustärke hochgezogen und mit dafür vorgesehenen Klebern, Klemmschienen oder anderen Mitteln befestigt werden.
Die Wurzelschutzbahn muss dauerhaft vor schweren mechanischen Beschädigungen geschützt werden. Dabei sind vorübergehende Beanspruchungen im Verlaufe der Begrünungsarbeiten und dauerhafte Beanspruchung aufgrund der Nutzung des begrünten Daches zu unterscheiden.

Speziell für die Dachbegrünung wurden eine Vielzahl von Materialien entwickelt, die sich schon über Jahre bewährt haben. Für alle Materialien und Arbeiten für Dachbegrünungen gelten Richtlinien, wie die Flachdachrichtlinien und DIN-Verordnungen, die für Planer, Hersteller und ausführende Betriebe bindend sind.

Im ersten Falle sind Vliesstoffe oder Filze als Schutz völlig ausreichend, zumal Wurzelschutzbahnen bei entsprechenden Vorsichtsmaßnahmen Begehung und Begrünungsarbeiten aushalten. Im Falle von Intensivbegrünungen mit anschließender Nutzung des Daches sowie im Zusammenhang mit dem Aufstellen schwerer Pflanzgefäße und dem Pflanzen von Bäumen ist jedoch eine zusätzliche Matte, z. B. aus Gummischrot, unerlässlich.

Dränageschicht

Bei Dächern von 0 bis etwa 3° Neigung kann in regenreichen Gebieten über der Wurzelschutzschicht noch eine Dränageschicht notwendig werden, die überschüssiges Wasser aus dem Substrat aufnimmt und ableitet (zweischichtige Bauweise). Sie kann aus einer hohlraumreichen Dränmatte mit aufkaschiertem Vlies bestehen oder aus einer Dränschüttung, die auf einem Vlies als Schutzlage aufgebracht wird. Ein weiteres oben aufgelegtes Vlies verhindert, wie auch bei der Dränmatte, dass feine Substratbestandteile die Dränageschicht verstopfen.
Neben der Wurzelschutzfolie sollten auch die Vliesstoffe und alle anderen Schutzlagen an allen Anschlussflächen wie Rändern, Wänden, Kaminen und Entlüftungsrohren hochgezogen und mit witterungsbeständigen Platten, Manschetten oder Vorhangblechen befestigt werden.

Entwässerung und Dachrand

Die Entwässerung eines Daches wird beeinflusst durch die Gefällesituation, die Dränageschicht und die technischen Bauteile wie Abflüsse, Regenrinnen und dergleichen.

Die Dränageschicht erfüllt die bautechnische Forderung nach zügiger horizontaler Wasserableitung. Sie kann bei Dächern mit mehr als 3° Neigung bei Extensivbegrünungen in der Regel entfallen, da die wasserableitende Funktion von Vlies und magerem Substrat bei größerer Neigung ausreicht. Allerdings muss bei dieser einschichtigen Bauweise und geringer Dachneigung das Substrat zu 80 % aus mineralischen Bestandteilen bestehen, damit es die wasserableitende Funktion übernehmen kann. In niederschlagsreichen Gegenden (über 800 mm/Jahr) sollte die Dachneigung bei einschichtigem Aufbau besser 5° oder mehr betragen. An der Traufseite und angrenzend an alle aufsteigenden Bauteile muss aber immer ein 30 bis 50 cm breiter Dränagestreifen eingebaut werden.

Bei Flachdächern oder geneigten Dächern mit Wasseranstau kann die Dränageschicht, je nach stofflicher Zusammensetzung, aber auch als Wasserspeicher dienen, denn sie ist Teil des durchwurzelbaren Schichtenaufbaus. Werden anstelle von Schüttstoffen Dränagematten oder -vliese eingesetzt, kann die Dränageschicht außerdem zusätzliche Schutzfunktionen gegen Beschädigungen der Abdichtung übernehmen.

Vor dem Bau des Dachrandes müssen die Begrünungsart und damit die Schichtdicke festgelegt sein, denn die Höhe des Dachrandes ist von der Aufbaustärke abhängig.

Auswahl der Materialien

Es gibt viele Stoffe, welche die verschiedenen Anforderungen erfüllen. Bei Systembegrünungen werden sie u. U. miteinander kombiniert wie z. B. bei Dränageelementen aus Kunststoff, die mit mineralischen Schüttstoffen verfüllt werden. Aus Gründen des Umweltschutzes sollte jedoch genau überlegt werden, welche Stoffe wirklich notwendig sind. Vegetationstechnische Gründe und die Belastbarkeit des Daches haben allerdings immer Vorrang. Bei der Abwägung zwischen Kunststoffelementen und mineralischen Schüttstoffen als Dränageschicht sollte außerdem bedacht werden, dass letzteren eine hohe Bedeutung als zusätzlicher Wurzelraum

Tipp:

Eine schnelle Wasserableitung fördert das Wachstum der Sukkulenten (Sedum- und Sempervivum-Arten), eine Wasserspeicherung dagegen Gräser und Kräuter.

zukommt. Dabei ist auch zu berücksichtigen, dass die Pflanzenwurzeln in mineralischen Schüttstoffen bei hoher Temperaturbelastung Kühlung finden. Bei richtiger Korngröße und Schichtdicke wird die Dränagefunktion dadurch nicht beeinträchtigt. Auch eine Humusanreicherung durch abgestorbene Wurzelteilchen muss bei Extensivbegrünungen nicht befürchtet werden, da eine schnelle Mineralisierung organischer Bestandteile in der Dränageschicht stattfindet.

Ein Aluminiumtraufblech bildet hier die wasserdurchlässige Kante zwischen Traufdränage und Regenrinne.

Für Intensivbegrünungen gibt es spezielle Wasserspeicher- und -anstausysteme, deren Einbau allerdings Fachleuten überlassen werden sollte. Die Wasserspeicherkapazität beeinflusst ebenso wie das Substrat die Artenzusammensetzung der Begrünung, da sie über die Wasserversorgung der Pflanzen entscheidet.

Achtung: Eine zu hohe Wasserspeicherkapazität kann im Winter zum Durchfrieren der Dränageschicht und des Substrates führen, was die Wurzeln vieler trockenheitsliebender Pflanzen zerstört. Bei Extensivbegrünungen ist daher eine hohe Wasserspeicherung der Dränageschicht nicht sinnvoll, wodurch gleichzeitig die Gewichtsbelastung des Daches reduziert wird. Bei gefällelosen Dächern mit Extensivbegrünung in regenreichen Gebieten sollte die Dränageschicht aus vorzugsweise gebrochenen Körnungen eine Schichtdicke von mindestens 5 cm haben. In regenarmen Gebieten reichen bereits Schichtdicken von 3 cm aus, um Unebenheiten auf der Dachhaut auszugleichen. Für die Dachlast ist auch hier das Einbaugewicht im wassergesättigten Zustand entscheidend, welches sich ganz erheblich vom Transportgewicht unterscheidet.

Flächenentwässerung

Nach der Entwässerung über die Dränageschicht gelangt das Wasser in eine Traufe oder einen Bodeneinlauf. Damit keine Bodenteilchen des Substrates in Dränageschicht und Ent-

wässerungsrohre gelangen, muss zwischen Dränung und Substrat eine Filterschicht in Form eines Dränagevlieses gelegt werden. Dieses Vlies muss eine hohe Wasserdurchlässigkeit und Zerreißfestigkeit aufweisen.
Obwohl Filtervliese nach einiger Zeit teilweise von feinen Substratteilchen zugesetzt und von den Pflanzen durchwurzelt werden, erfüllen sie auch noch nach Jahrzehnten ihre Funktion, wie ältere Dachbegrünungen gezeigt haben.

Traufentwässerung

Filtervliese können auch bei der Herstellung einer Traufdränage für geneigte Dächer mit Traufentwässerung verwendet werden. Dazu wird direkt vor der Traufkante eine Packung aus Dränagekies in ein Vlies gewickelt. Diese Konstruktion verhindert, ähnlich wie ein umwickeltes Dränrohr, dass feine Substratteilchen ausgeschwemmt werden und in die Entwässerung gelangen. Gleichzeitig verzögert sie den Wasserabfluss. Dem selben Zweck dient eine vliesumwickelte Kiespackung auf dem Bodeneinlauf bzw. bei hochgestellten Bodenentwässerungen um diese herum.
Zwischen Traufdränage und Traufe wird ein wasserdurchlässiges Traufblech gestellt, welches das Abrutschen des Substrates in die Entwässerung verhindert. Das Traufblech muss entweder gelocht sein oder auf Abstandshalter montiert werden, damit das Wasser aus der Traufdränage ungehindert abfließen kann. Die Höhe der Lochung bzw. des Abstands über der Dachhaut sollte der Höhe des Gesamtaufbaus entsprechen. Aus Gründen eines leichten Wasseranstaus können die untersten 2 bis 3 cm jedoch ungelocht sein. Auf jeden Fall muss die Konstruktion einen ungehinderten Wasserabfluss in die Regenrinne gewährleisten.
Der Dachdeckerhandel und die Hersteller von Systembegrünungen bieten eine Vielzahl von Lösungen an, die sich für verschiedene Aufbaustärken und Dachränder eignen. Aber auch selbst gefertigte Holzkonstruktionen erfüllen jahrzehntelang ihren Zweck. Bei der Befestigung muss immer darauf geachtet werden, dass die Dachhaut nicht beschädigt wird. Die Montage erfolgt in der Regel vor dem Auflegen der Wurzelschutzfolie, die an den übrigen Dachrändern hochgeschlagen wird. Auf der Traufseite liegt sie nur plan auf, um den Wasserabfluss nicht zu behindern. Durchbohrungen für die Montage des Randprofils sollten vor dem Verlegen der Wurzelschutzfolie gut abgedichtet werden.
Die Ausbildung des Dachrandes erfordert einige Vorüberlegungen und handwerkliches Geschick. Im Zweifelsfall sollten Sie immer einen Dachdecker oder Architekten um Rat fragen, bei großen Dächern die Ausführung erfahrenen Fachleuten überlassen.

Flache Dächer

SELBST BEGRÜNEN

Haben wir uns für eine der Begrünungsformen, ob extensiv, naturnah oder intensiv, entschieden, muss jetzt noch die Frage der Begrünungstechnik geklärt werden.

Darunter ist sowohl das Aufbringen des Substrates als auch das Verfahren der Vegetationsansiedlung zu verstehen, denn beide Schritte müssen gut aufeinander abgestimmt sein.

Alle Begrünungstechniken haben Vor- und Nachteile und eignen sich nicht für jeden Dachtyp. Generelles Ziel ist es jedoch, sowohl eine möglichst schnelle Durchwurzelung des Substrats als auch eine schnelle Oberflächenbedeckung als Erosionsschutz zu erreichen.

Einschichtige oder zweischichtige Bauweise

Alle Pflanzen, die auf dem Dach angesiedelt werden sollen, benötigen eine Unterlage, die in der Lage ist, ihren Wurzeln Halt zu geben, Nährstoffe umzubauen und zu binden sowie einerseits Wasser zu halten und gleichzeitig überschüssiges Wasser wieder abzugeben. Es ist möglich, ein Dachsubstrat so zusammenzustellen, dass es alle Bedingungen erfüllt (einschichtige Bauweise), wobei die Forderung nach Wasserabzug aber meist nur bei ausreichendem Gefälle (größer 3° bzw. 5 %) gewährleistet ist. Vor dem Abfluss in Form eines Bodeneinlaufes oder einer Traufentwässerung muss eine Dränage eingebaut werden, um zu verhindern, dass aus dem Substrat gespülte feine Bodenteilchen in die Entwässerung gelangen.
Bei flachen Dächern (0 bis 3° Gefälle) sollte auf der gesamten Fläche unter dem Substrat eine Dränageschicht eingebaut werden, weshalb von einer zweischichtigen Bauweise gesprochen wird. Diese entwässernde Schicht muss wiederum mit einem Vlies technisch von der Substratschicht getrennt werden, damit sie nicht durch Substratbestandteile verunreinigt wird. Die Höhe der Dränageschicht sollte etwa einem Viertel der Höhe der Substratschicht entsprechen, aber nicht dünner als 5 cm sein. Sie kann aus Dränagekies aus dem Baustoffhandel bestehen, der allerdings sehr schwer ist, oder aus speziell dafür angebotenen Schüttstoffen, die eine wesentlich geringere Masse haben. Vlies- und Dränageschicht werden von den Pflanzen durchwurzelt, was deren Funktionsfähigkeit aber nicht beeinträchtigt. Auch spezielle vorgefertigte Matten aus Kunststoffen oder Recyclingmaterial werden im Handel angeboten. Sie dienen eigentlich dem Wasseranstau auf intensiv begrünten Flachdächern, sollen sich aber auch als Dränage bei Dächern mit Gefälle eignen. Mineralische Schüttstoffe sind aber sicher die bessere Wahl. Sie sollten pH-neutral und auch im wassergesättigten Zustand frostfest sein. Auf Flachdächern helfen sie, Unebenheiten auszugleichen, mit einem Vlies, wie eine Wurst umwickelt, können sie auch als Traufdränage dienen. Lose oder in Säcken geliefert, lassen sie sich leicht auf das Dach transportieren. Sollten nach der Fertigstellung noch Materialreste übrig sein, so leisten diese gute Dienste als Dränage in Pflanzgefäßen oder bei der Gestaltung von Teichrändern oder Steingärten.

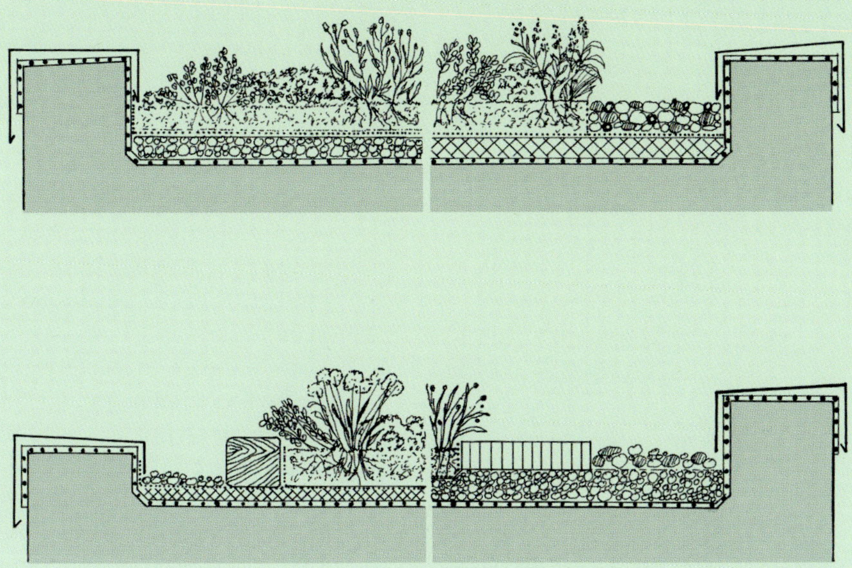

Verschiedene Möglichkeiten der Randausbildung bei Flachdächern ohne und mit Kiesstreifen, Aufkantung und Wegplatten.

Substratwahl

Die Pflanzenauswahl für eine Dachbegrünung ist, neben den Klimabedingungen, von der Substratwahl abhängig, die wiederum durch die Tragfähigkeit eines Daches eingeschränkt ist. Normale Gartenerde ist im wassergesättigten Zustand sehr schwer und eignet sich deshalb nicht als Unterlage für Dachbegrünungen. Auch entsprechen ihre physikalischen und chemischen Eigenschaften nicht den Böden, die auf ähnlichen natürlichen Standorten vorkommen. Speziell für die Extensivbegrünung wurden daher Pflanzsubstrate entwickelt, die sowohl leicht sind als auch ein hohes Wasserspeichervermögen besitzen. Sie müssen zudem einen für Pflanzen annehmbaren pH-Wert besitzen, also möglichst chemisch neutral sein, dürfen keine schädlichen Stoffe enthal-

Alle Extensivsubstrate sollten ein ausreichendes Puffervermögen gegen pH-Wert-Änderungen haben. Eine Beimischung oder Abdeckung (Mulchschicht) mit Kalkschotter aus hartem Kalkgestein, der langsam und über einige Jahre Kalk abgibt, kann die Bodenversauerung durch sauren Regen verhindern, denn auch Substratentkalkungen führen zu Sackungsverdichtungen und damit zu Veränderungen der physikalischen Bodenstruktur.

Neben dem spezifischen Gewicht und anderen physikalischen Eigenschaften kann auch die Farbe des Substrats bei dessen Wahl eine Rolle spielen.

ten, ihre Struktur muss für die Pflanzen gut durchwurzelbar sein, sie müssen physikalisch stabil sein und dürfen nach dem Einbau nicht zu sehr zusammensacken. Mineralische und porenreiche Schüttstoffe wie Lava verschiedener Korngröße oder gebrochener Blähton oder Blähschiefer eignen sich ebenso wie Grobsande und Feinkiese, die allerdings ein höheres spezifisches Gewicht haben (siehe Tabellen Seite 20 und 21).

Substratstruktur

Die mineralischen Bestandteile bilden das physikalische Gerüst des Substrates und müssen mit Zuschlagstoffen angereichert werden. Dabei unterscheidet man solche, die der Ernährung der Pflanzen dienen, z. B. Humusstoffe und organische oder mineralische Dünger, von Bodenhilfsstoffen, welche die Struktur oder chemische Zusammensetzung des Substrates ändern. Bauschuttrecyclingstoffe, Oberböden, Müllkomposte, Klärschlämme und Kunststoffe eignen sich nicht, da ihre Zusammensetzung in der Regel nicht bekannt ist. Aber auch Abraummaterial natürlicher Gesteine mit geringer Frostfestigkeit, wie z. B. weiche Mergel- oder Sandgesteine, sollten nicht verwendet werden, da Frost deren physikalische Struktur ändert. Sie sacken dann zusammen und bieten Luft, Wasser und Pflanzenwurzeln keine ausreichenden Hohlräume mehr.

Nährstoffgehalt

Auch die Nährstoffspeicherung eines Substrates muss durch hohes Adsorptionsvermögen gewährleistet sein, damit nicht nach einem heftigen Regen alle Nährstoffe ausgewaschen werden. Allerdings gilt, dass der Nährstoffgehalt umso geringer sein muss, je geringer die Schichtdicke des Substrates ist. Anbieter von Fertigsubstraten geben meist den Nährstoffgehalt bzw. den Humusanteil ihrer Mischungen an.
Ein Zuviel an Nährstoffen bedeutet immer zu starke Wüchsigkeit der Pflanzen mit der Folge, dass sie nicht genügend widerstandsfähig gegen Schädlin-

Lastannahmen von Dachvegetationen ohne und mit angenommener Substratschicht in belaubtem und nassem Zustand (ohne Dränage- und Mulchschicht, Vliese, Folien und Matten)(nach FFL 1991, verändert)

Vegetationsform	Pflanzenlast (in kN/m²)	Gesamtlast (in kN/m²)	Substratdicke (in cm)	Substratart, Substratgemisch
Extensivbegrünungen				
Moos-Sedum, Sedum-Gras-Kraut und Trockenrasen	0,10	0,3 bis 0,7	2 bis 6	mineralischer Schüttstoff
Wildstauden-Zwerggehölze	0,10	1,1 bis 2,1	8 bis 16	Humus-Mineral-stoff-Gemisch
Magerwiese	0,15	1,5 bis 2,2	8 bis 12	Sand-Gemisch mit Zuschlagstoffen
Intensivbegrünungen				
Zierrasen	0,05	2,4 bis 4	12 bis 20	Boden-Gemische
Stauden und Sträucher bis 1,5 m Höhe	0,20	4 bis 10	20 bis 50	Boden-Gemische mit Zuschlagstoffen
Sträucher bis 3 m Höhe	0,30	10 bis 17	50 bis 80	Boden-Gemische mit Zuschlagstoffen
Sträucher und Bäume bis 10 m Höhe	0,60	25 bis 45	100 bis 200	Boden-Gemische mit Zuschlagstoffen

ge und Frost sind. Außerdem bindet der Humus Wasser im Substrat, was dazu führen kann, dass es nach einem nassen Herbst im feuchten Zustand im Winter durchfriert, wodurch die Pflanzenwurzeln geschädigt werden.

Selbst gemischte Substrate

Wollen Sie ihr Substrat selbst mischen bzw. mit organischem Material anreichern, verwenden Sie am besten nur sterile Materialien wie Rindenkompost, da sonst die Gefahr von Verunreinigung mit Fremdsamen zu groß ist. Ein nicht zu unterschätzendes Problem ist der Transport des Substrates auf das Dach. Stehen einige kräftige Helfer zur Verfügung, kann dies mit Eimern geschehen, was allerdings eine zeit- und kräfteraubende Angelegenheit ist. Bei Garagendächern ist vielleicht der Bau einer Rampe und der Transport mit einer Schubkarre möglich. In der Regel lohnt es sich, ein Förderband auszuleihen, auf welches selbst gemischtes

Der Nährstoffgehalt bzw. Humusanteil sollte für Extensivbegrünungen zwischen 3 und 5 Vol.-% liegen. Für anspruchsvollere Stauden und Zwerggehölze in naturnahen Pflanzungen reichen Substrataufhügelungen mit einer Extragabe von einer Hand voll Kompost völlig aus (etwa 10 bis 20 Vol.-%).

Mineralische Schüttstoffe werden für kleine Dachbegrünungsvorhaben in Säcken angeboten, die aufs Dach gehoben werden. Für größere Mengen bieten verschiedene Firmen Siloware an, die mit einem Schlauch auf das Dach geblasen wird. Trotzdem benötigen Sie auch hier ein bis zwei Helfer, weil der Schlauch festgehalten und das Material mit einem Rechen geglättet werden muss. Das Untermischen von Humus kann danach auf dem Dach erfolgen.

Substrat geschaufelt wird. Erkundigen Sie sich vorher nach der Länge und planen Sie den Mischplatz entsprechend ein, denn selbst gemischte Substrate, die vorwiegend aus magerem Boden und Sand bestehen, sollten Sie nicht auf dem Dach herstellen, um die Dachhaut nicht zu gefährden. Ein Betonmischer leistet hierzu gute Dienste und spart Muskelkraft.

Die Pflanzung ist zwar das zeitintensivste, aber für den Laien auch das praktikabelste Verfahren, mit der die größte Artenvielfalt und das differenzierteste Biotop hergestellt werden kann.

Begrünungstechniken

Wenn das Substrat aufgebracht wurde, sollte sofort mit der Begrünung und/oder der Beregnung begonnen werden, um das Substrat vor Windverwehung zu sichern.
Sie können sich zwischen verschiedenen, im Folgenden näher beschriebenen Begrünungstechniken entscheiden. Ausschlaggebend ist dabei immer, wie ihr Dach später aussehen soll, denn nur wenige Pflanzen sind als Samen, Sprossenabschnitt, auf vorgefertigten Vegetationsmatten oder als Topfstaude bzw. Gehölz erhältlich. Desweiteren entscheiden die anfallenden Kosten und die technischen Möglichkeiten über die Begrünungstechnik. Kleine Dächer von Nebengebäuden oder Anbauten werden am besten selbst bepflanzt, bei größeren Dachflächen muss zwischen dem Arbeitsaufwand und den anfallenden Kosten für professionelle Hilfe sowie dem Pflanzmaterial abgewogen werden. Einsaat, Sprossenansaat und Bepflanzung kann der Laie bei flachen und flach geneigten Dächern selbst ausführen, bei Steildächern erfordern sie ggf. den Landschaftsgärtner. Vegetationsmatten müssen immer mit Maschinen-

aufwand aufs Dach gehoben und daher von einem darauf spezialisierten Gartenbauunternehmen eingebaut werden. Sie eignen sich wegen der hohen Kosten nur für größere Dachflächen, es sei denn, Sie können kleinere Abschnitte bekommen.

Bepflanzung

Die direkte Pflanzung ist für Extensivbegrünungen neben der Verwendung vorgefertigter Vegetationsmatten das teuerste, bei kleineren Dächern, die in Eigenarbeit bepflanzt werden, aber sicher das praktikabelste Verfahren. Die Bepflanzung kann jedoch auch mit anderen Verfahren wie Ansaat oder Sprossenbegrünung problemlos kombiniert werden.

Kleintopfstauden

Am besten eignen sich Kleintopfstauden für Dachbegrünungen. Es handelt sich dabei um junge Pflänzchen, die in magerem Substrat in Multitopfpaletten mit kleinem Wurzelraum gezogen werden. Je ähnlicher das Anzuchtsubstrat dem Dachsubstrat ist, desto bessere Startbedingungen haben die Pflänzchen nach dem Auspflanzen auf dem Dach. Bei größeren Dachbegrünungsvorhaben, die eine große Artenvielfalt aufweisen sollen, ist es daher sinnvoll, die Pflanzen bis zu einem Jahr vorher bei einer geeigneten Wildstaudengärtnerei unter Nennung des geplanten Dachsubstrates zu bestellen. Zur Pflanzung werden die Stauden mit einer speziellen Platte oder den Fingern von unten aus der Palette gelöst.

Für größere Dachbegrünungsvorhaben sollten Kleintopfstauden in Multitopfpaletten vorgezogen werden.

Stauden und Zwerggehölze

Aber auch Stauden und Zwerggehölze in Töpfen eignen sich für die Dachbegrünung. Hier wird in vielen Gärtnereien jedoch normale Anzuchterde verwendet, die relativ humusreich ist. Für die Pflanzen bedeutet dies eine drastische Umgewöhnung an das magere Dachsubstrat, die umso schwieriger ist, je nährstoffreicher die verwen-

Multitopfpaletten sind relativ handlich und stellen weniger Masse dar als größere Töpfe. Sie können problemlos auf das Dach transportiert werden. Nach der Pflanzung werden die Gefäße vom Gärtnereibetrieb wieder verwendet.

Tipp:

Bei naturnahen Pflanzungen benötigen einzelne Staudenarten und besonders die Zwerggehölze nicht nur dickere Substratschichten, sondern ggf. auch einen höheren Humusanteil. Für sie wird das Substrat stellenweise zum kleinen Hügel geformt und mit einer Extraportion Humus angereichert. Eine Einrahmung der Substraterhöhung mit schönen Holzstücken oder Steinen ist hier sinnvoll und zudem dekorativ.

dete Anzuchterde war. Manche Staudengärtnereien, besonders solche, die auf Wildpflanzen spezialisiert sind und/oder biologisch arbeiten, verwenden magere Anzuchterden mit hohem mineralischem Anteil und Flachballen als Anpassung an die geringe Substrathöhe auf Dächern. Beim Kauf der Pflanzen sollten Sie daher immer auch nach der Anzuchterde, der Pflanzenballengröße und ihrer Eignung für die Dachbegrünung fragen. Sie können etwas teurer und kleiner als konventionelle Ware sein, weil sie aber besser für die Dachbegrünung geeignet sind, wachsen sie besser an, weshalb weniger Pflanzen pro Fläche ausreichen als üblicherweise angegeben wird.

Achtung:

Der Pflanzenbedarf pro Quadratmeter zu begrünender Fläche wird sehr unterschiedlich angegeben. Je nach Pflanzabstand ergeben sich Werte zwischen 100 (bei 10 cm Abstand) und 16 (bei 25 cm Abstand) Stück pro m^2. Für eine naturnahe Bepflanzung mit Zwerggehölzen und Stauden sowie zusätzlichen Gestaltungselementen sind etwa 20 Pflanzen pro m^2 völlig ausreichend.

Pflanzabstand

Je stärker die Dachneigung, desto dichter sollte die Bepflanzung aus Gründen des Erosionsschutzes sein. Bei flachen oder nur flach geneigten Dächern ist diese Gefahr nicht so groß. Je größer die Lücken sind und je länger es dauert, bis die Pflanzen eine annähernd geschlossene Pflanzendecke gebildet haben, desto eher können anfliegende Samen keimen und die Vielfalt bereichern. Aber auch unerwünschte Wildpflanzen haben mehr Chancen, was einen Mehraufwand an Pflege bedeutet, bis die Pflanzendecke geschlossen ist.

Pflanztechnik

Vor dem Auspflanzen sollten alle Topfpflanzen gründlich gewässert werden, sie lassen sich dann auch leichter herauslösen. Danach müssen sie sofort ausgepflanzt werden, damit die Wurzeln nicht unnötig Schaden erleiden. Unkräuter im Topf und am Wurzelballen sollten zuvor entfernt werden. Multitopfpaletten werden vor dem Pflanzen nur leicht befeuchtet, da sonst beim Herauslösen der Pflänzchen die Ballen leicht zerfallen. Überhaupt erfordert der Umgang mit ihnen einige Übung, weshalb es sinnvoll sein kann, sich die Technik vorher zeigen zu lassen.
Die Pflänzchen werden vor der Pflan-

zung auf dem Dach ausgelegt und in der gewünschten Anordnung gruppiert. Einige leere Eimer zum Aufnehmen der verunkrauteten Ballenteile, der leeren Töpfe, der Pflanzwerkzeuge u. a. Utensilien sollten auf dem Dach bereitstehen. Danach wird in eine Richtung rückwärts gehend gepflanzt, sodass bepflanzte Dachflächen nicht mehr betreten werden müssen. Die Substrathöhe kann beim Pflanzen stellenweise durch Anböschung an die Ballengröße der Pflanzen angepasst werden.

Arbeitstechnik

Soll auch gemulcht werden, muss das Mulchmaterial in Eimern auf dem Dach bereitstehen und abschnittsweise zwischen die Pflänzchen gestreut werden. Kies oder Schotter können auch in mehreren kleinen Haufen auf dem Dach abgelagert werden, um dann mit Eimern in den benötigten Mengen auf den bepflanzten Dachabschnitten verteilt zu werden. Bedenken Sie dabei immer die Dachlasten und lagern Sie niemals alles Mulchmaterial an einer Stelle. Es ist auf alle Fälle sinnvoll, die einzelnen Arbeitsschritte vorher genau zu planen, damit alles Material an geeigneter Stelle und leicht zugänglich zur Verfügung steht.

Die direkte Bepflanzung mit Stauden und Zwerggehölzen eignet sich am besten für eine naturnahe, abwechslungsreiche und phantasievolle Gestaltung, denn sie lässt dem Ausführenden die Möglichkeit, die Pflanzen nach ihren unterschiedlichen Bedürfnissen zu behandeln und alle Gestaltungselemente nach seinen eigenen Vorstellungen anzuordnen.

Günstige Pflanzzeiten:

Gepflanzt werden kann in der Regel von März bis Ende Juni und von Anfang September bis Mitte Oktober. Der Hochsommer sollte möglichst gemieden werden, da sonst eine sehr intensive Bewässerung nach der Pflanzung nötig wird. Ideal sind die Monate März, April und Mai sowie der September.

Sprossenansaat

Neben der direkten Bepflanzung mit bewurzelten Stauden und Zwerggehölzen können auch Pflanzenteile, z. B. gärtnerisch gewonnene Triebschnittlinge oder natürliche Verbreitungsorgane wie Tochterrosetten, Laubknospen oder Brutzwiebeln, ausgebracht werden. Das Ausstreuen der Sprossen verschiedener *Sedum*-Arten ist dabei die gebräuchlichste Methode. Diese werden auf dem angefeuchteten Dachsubstrat verteilt und leicht angedrückt. Eine dünne Mulchschicht verhindert, dass sie vom Wind fortgeweht werden. Das Dach muss die ersten vier bis sechs Wochen ständig

Günstige Säzeit:

Der ideale Zeitpunkt für die Sprossenansaat ist Mitte März bis Ende Juni und Anfang September bis Mitte Oktober, auch in Kombination mit Ansaat und/oder Bepflanzung.

Alle Sedum-Arten und -Sorten lassen sich als Sprossabschnitte ansäen.

feucht gehalten werden, bis sich Wurzeln gebildet haben.
Es ist mit einem Bedarf von 50 g Sprossen pro Quadratmeter zu rechnen. Von der Gattung *Sedum* gibt es viele geeignete Wild- und einige Zuchtformen, die sich für Dachbegrünungen auch mit minimaler Substratauflage eignen. Sie sind an Trockenheit bestens angepasst, benötigen allerdings auch sonnige bis halbschattige Standorte. Reine *Sedum*-Dächer blühen umso länger, je mehr verschiedene Arten verwendet werden. Bienen und Hummeln finden auf ihnen zwar Nektar, eine Vielfalt von Tierarten darf hier aber nicht erwartet werden. Die Sprossenansaat kann jedoch gut mit der Aussaat von Samen anderer Pflanzen kombiniert werden, was eine bessere Durchwurzelung des Substrats und eine höhere Artenvielfalt zur Folge hat.

Günstige Säzeit:
Der beste Zeitpunkt für eine Ansaat ist Mitte März bis Ende Juni und Anfang September bis Mitte Oktober.

Ansaat mit Samen

Die ausschließliche Ansaat von Dachflächen ist zwar eine preisgünstige Methode, birgt jedoch einige Schwierigkeiten. Die Substratdicke muss mindestens 6 cm, besser 8 cm betragen, die Substratschicht muss eben und darf nicht zu grobkörnig sein. Beim Säen sollte absolute Windstille herrschen und der Samen muss gleichmäßig aufgebracht werden. Es ist am besten, wenn der Samen mit Sand gut durchgemischt und dann ausgestreut wird. Eine gleichmäßige Verteilung wird durch vorherige Unterteilung der Dachfläche in einzelne längliche Felder, die in wechselnder Richtung beschritten werden, erreicht. Die ersten Wochen bis Monate muss das Dachsubstrat mit feinster Düse ständig

Trockenheitsliebende Grasarten können auch als Samen auf das Substrat gestreut werden. Es sollten aber nur speziell für Dachbegrünungen entwickelte Mischungen verwendet werden.

gleichmäßig feucht gehalten werden. Heftige Regenfälle nach der Ansaat spülen die Samenkörner in das Substrat, wo sie nicht keimen können. Da die Durchwurzelung des Substrates sehr lange dauert, ist dieses auf schrägen Dächern lange Zeit durch Abrutschen gefährdet. Die vollständige Bedeckung der Dachfläche kann einige Jahre dauern, denn längst nicht alle ausgestreuten Samen keimen auch.
Die Angaben für benötigte Saatgutmengen schwanken bei Anbietern und ausführenden Betrieben erheblich. Auf keinen Fall sollte man sich deshalb auf die im Garten- und Landschaftsbau gebräuchlichen Mengen von 20 bis 25 g pro m^2 beziehen. Für extensive Dachbegrünungen können selbst Aussaatgewichte von 3 bis 5 g (bei Kornzahlen zwischen 5 000 und 8 000 Stück) pro m^2 zu hoch sein.

Rollrasen und Vegetationsmatten

Rollrasen

Er eignet sich nur in regenreichen Gebieten und bei hohen und humusreichen Substratauflagen mit großem Wasserhaltevermögen, demnach also nur für Intensivbegrünungen. Er wächst dort gut, muss aber regelmäßig geschnitten werden, ähnlich dem Zierrasen in Gärten.
Für Dächer von Einfamilienhäusern oder Nebengebäuden ist diese Methode meist zu aufwendig und kostenintensiv. Meist wird sie nur angewendet, wenn die Jahreszeit für andere Begrünungsmethoden nicht geeignet ist, das Dach aber noch schnell bedeckt werden soll und keinerlei Wert auf Artenvielfalt gelegt wird.

Die Aufbringung von Rollrasen kann das ganze Jahr über erfolgen, ist jedoch an den Einsatz von Maschinen gebunden.

Vegetationsmatten

Speziell für Dachbegrünungen vorgefertigte Vegetationsmatten sind artenreicher, in ihrer Artenzusammensetzung fürs erste stabil und bieten sofort eine geschlossene Vegetationsdecke. Sie eignen sich besonders für steile

Artenarme Rasenflächen neigen in heißen Sommern zum Vertrocknen.

Dächer, wo die Gefahr der Substraterosion groß ist, für besonders windexponierte Ecken oder wenn die Jahreszeit für eine Ansaat ungünstig ist. Die Vegetationsmatten werden auf die durchfeuchtete Substratschicht aufgerollt und angedrückt. Bei Dachformen ohne Aufkantung sind sie mit Klemmprofilen an der Unterlage zu befestigen, damit sie nicht vom Wind hochgeweht werden. Bei vorhandenen Kanten kann eine Kiesschicht das Aufwehen der Ränder verhindern. Eine vorsichtige, aber gründliche Bewässerung ist in den ersten Wochen unerlässlich. Wie bei allen Begrünungstechniken kann auch hier ein Einbau im Hochsommer, besonders bei südexponierten steilen Dächern, zum Totalausfall der Vegetation führen. Aus technischen und Kostengründen ist die Artenvielfalt auf Vegetationsmatten häufig recht begrenzt, es finden sich auch nur wenige heimische Wildarten auf ihnen. Durch den dichten Aufwuchs ist auch eine nachträgliche Ansaat zur Erhöhung der Vielfalt nicht möglich. Vegetationsmatten und Rollrasen können auch in Kombination mit anderen Methoden verwendet werden, z. B. am windexponierten Giebel eines Satteldaches oder an den steilsten Teilen eines Tonnendaches, die sofort vor Erosion geschützt werden sollen.

Es werden folgende Typen von Vegetationsmatten unterschieden:

- **Vliesvegetationsmatten, bei denen das durchwurzelte Substrat relativ lose auf der Matte aufliegt,**
- **Stroh-/Kokosvegetationsmatten mit besserer Haftung des Substrats und biologisch umbaubarer organischer Schicht,**
- **Fadengeflechtmatten mit der größten Reißfestigkeit,**
- **Engmaschige Kunststoffsäcke als vorkultivierte Vegetationselemente für Firstbereiche, Traufen und windexponierte Flächen.**

Sodenbegrünung

Die Entnahme von Vegetation aus Natur oder Garten in Form von Soden und deren Aufbringung auf das Dach hat mehr experimentellen Charakter und birgt einige Probleme. Geeignete magere Naturstandorte dürfen selbstverständlich nicht geplündert werden, nur wenn sie beispielsweise durch Baumaßnahmen bedroht sind, kann nach Rückfragen bei der zuständigen Behörde eventuell Material entnommen werden. Ob diese Soden auf dem Dach anwachsen, ist fraglich. Außerdem enthalten sie viele Samen von Pflanzen, die auf dem Dach unerwünscht sind, sodass der Pflegeaufwand am Anfang relativ hoch ist. Gleiches gilt für Pflanzensoden aus dem Garten, die zudem selten dieselben Standortansprüche haben wie Dachpflanzen. Wer trotz aller Bedenken Soden auf das Dach aufbringen möchte, sollte diese sehr flach abstechen und durch leichtes Schütteln von loser Erde befreien. In flachen Kisten können sie dann auf das Dach gehoben, auf eine vorbereitete feinkörnige Fläche gelegt und leicht angedrückt werden. Trotz ausreichender Bewässerung wird sich die Artenzusammensetzung nach und nach ändern. Soden magerer Gartenteile eignen sich besser als solche humoser schattiger Standorte, selbst wenn das zu bepflanzende Dach nach Norden zeigt oder im Schatten liegt.

Für ein kleines Nebengebäude, das nach norwegischem Vorbild mit einem Grasdach begrünt werden soll, eignen sich ganz normale Rasensoden, die allerdings eine mindestens 20 cm dicke und humusreiche Substratschicht benötigen. Wenn es die Dachlasten zulassen, sollte mineralischer Schüttstoff mit Rindenhumus oder Gartenerde im Verhältnis 1 : 1 gemischt werden. Zusammen mit den recht schweren Grassoden ergibt sich eine Aufbauhöhe von 25 bis 30 cm, was bei der Aufkantung und der Dachlast berücksichtigt werden muss. Flache Dächer benötigen zusätzlich noch eine 3 bis 5 cm hohe Dränageschicht.

Einbauzeiten:

Soden können ebenso wie Rollrasen und Vegetationsmatten das ganze Jahr über auf das Dach gelegt werden, allerdings eignen sich auch hier Frühjahr und Herbst wegen der zu erwartenden Regenfälle besser.

Arbeitsaufwand, Kosten und Pflegeaufwand für verschiedene Begrünungsvorhaben auf kleinen Dächern

Flachdächer	Laienarbeit	Expertenhilfe	Kosten	Pflegeaufwand
Extensivbegrünungen	gering	nicht nötig	gering	gering
Naturnahe Begrünungen	mittel	nicht nötig	mittel	gering
Intensivbegrünungen	hoch	nötig	hoch	hoch
Steildächer				
Extensivbegrünungen	mittel	u.U. nötig	mittel	gering
Naturnahe Begrünungen	mittel	u.U. nötig	mittel	gering

Steile Dächer

SELBST BEGRÜNEN

Auch steile Dächer von Wohnhäusern lassen sich mit geeigneten Hilfsmitteln begrünen. Ab einer Dachneigung von 15° gilt ein Dach in der Regel und unter begrünungstechnischen Gesichtspunkten als Steildach und erfordert andere konstruktive Maßnahmen für die Begrünung als ein flaches oder flach geneigtes Dach. Auch technisch ist die Begrünung eines Steildaches wesentlich schwieriger zu realisieren als bei flachen Dächern.

Neben der Dachneigung wirken sich auch der Einfallswinkel des Sonnenlichtes und die Besonderheiten bei der Bewässerung als Standortfaktoren auf die Art der Bepflanzung aus. Fallen Niederschläge, läuft das Regenwasser viel schneller aus dem Substrat zur Entwässerung hin ab, sodass den Pflanzen auch weniger Wasser zur Verfügung steht. Dieses wird aber dringend benötigt – an den Wurzeln zur Kühlung, oberirdisch für Wachstum und Transpiration.
Je steiler ein Dach ist, desto extremer wird die Standortsituation für die Pflanzen, was bei der Auswahl derselben besonders bedacht werden muss. Bei bewohnten Gebäuden muss auf alle Fälle vor der Begrünung ein Dachdecker oder Architekt um Rat befragt werden. Nicht zu unterschätzen ist der Sicherheitsaspekt. Allen Helfern sollte bewusst sein, dass das Betreten steiler Dächer nicht ungefährlich ist. In der Regel ist eine Absturzsicherung für alle Arbeiten über drei Metern Gebäudehöhe nötig. Ein Gerüst mit Geländer kann dazu dienen. Für den Transport der Materialien auf das Dach kann ein Lastenauf zug, wie ihn auch Dachdecker verwenden, sehr nützlich sein.
Kleine Gartenhäuser mit Steildächern lassen sich dagegen relativ leicht begrünen, da es möglich ist, für sämtliche Bau- und Pflegearbeiten von allen Seiten mit einer Leiter an das Dach heranzukommen.

Schubsicherung

Bei allen Steildächern ist eine Schubsicherung notwendig, um das Substrat vor dem Herunterrutschen zu schützen. Die Schubkräfte von wassergesättigtem Substrat ohne ausreichende Durchwurzelung und Abdeckung durch die Vegetation sollten nicht unterschätzt werden. Eine Lattung als Schubsicherung hat den positiven Nebeneffekt eines geringen Wasseranstaus bzw. einer Abflussverzögerung. Es müssen aber Lücken zwischen den Querlatten vorhanden sein, damit das Dachwasser, welches vom Substrat nicht aufgesogen wird, abfließen kann, was besonders bei starken Regenfällen von Bedeutung ist. Es gibt aber auch spezielle Matten, die das Substrat vor dem Herrunterrutschen sichern.

Lattung

Die Schubsicherung kann aus einer Lattung bestehen, die in Abständen von 50 bis 100 cm auf die Dachhaut gelegt wird. Die Befestigung der versetzt angeordneten Latten kann auf verschiedene Weise erfolgen. Entweder werden die Latten durch die Dachhaut auf der Unterkonstruktion festgenagelt, dann muss die Wurzelschutzbahn über der Lattung verlegt werden, oder die Lattung wird an den Dachrändern befestigt, was allerdings nur bei sehr kleinen Dächern möglich ist. Eine dritte Methode kommt ohne Befestigung der Latten aus. Hierbei werden Dachlattenstücke von der

Länge des gewählten Horizontalabstandes vertikal im Abstand von etwa einem Meter auf das Vlies über der Wurzelschutzbahn gelegt. Dazu wird am Traufbalken begonnen, an dem die Latten abgestützt werden. Anschließend werden Querlatten von der Höhe des geplanten Aufbaus an die Oberkante der Längslattung angelegt, wobei auf versetzte Lücken als Wasserdurchlass geachtet werden muss. Die dabei entstehenden Fächer werden nun mit Substrat verfüllt. Am Giebel angelangt, schafft eine Verbindung der Lattungen beider Dachhälften über den Giebel hinweg zusätzliche Sicherheit. Die Schubkräfte von Lattung und Substrat trägt bei dieser Methode allerdings allein der Traufbalken, der entsprechend dimensioniert sein muss.

Das Modell zeigt das Prinzip des Schubschwelleneinbaus für steile Dächer.

Krallmatten

Eine weitere Methode der Schubsicherung besteht in der Verwendung von speziellen Krallmatten. Dabei handelt es sich um reißfeste Vliese mit speziellen Gewebeeinlagen und großer Oberflächenrauigkeit. Sie werden als Strukturvlies mit Geweberippen, die quer zum Gefälle verlegt werden, oder als Krallgewebe mit unterseitiger Vlieslage angeboten. Je steiler ein Dach ist und je länger die zu begrünende Fläche, desto größere Reißfestigkeit muss das Gewebe haben. Es kann über den Giebel gelegt, muss jedoch bei einseitig geneigten Dächern am Giebel befestigt werden, ohne die Abdichtung zu beeinträchtigen. Für Dachneigungen bis etwa 25° und übliche Dachlängen können Krallmatten ohne zusätzliche Schubsicherungen bei Substratdicken von bis zu 15 cm eingebaut werden. Zusätzliche Sicherung bieten jedoch Maschendraht- oder Jutebahnen, die mit in die Vegetationsschicht eingebaut werden. Sie wachsen mit der Begrünung ein und

Achtung:

Bei allen Methoden, die einen direkten Kontakt von Lattung und Substrat vorsehen, ist die langsame Verrottung des Holzes eingeplant, denn nach einigen Jahren sichern die Wurzeln der Begrünung das Substrat ausreichend. Das Holz darf auf keinen Fall mit bioziden Wirkstoffen vorbehandelt sein, da diese die Wurzeln der Dachpflanzen schädigen. Die Schubschwellen können aber auch zusätzlich mit einer Abdichtung überklebt und so gegen Verrottung gesichert werden.

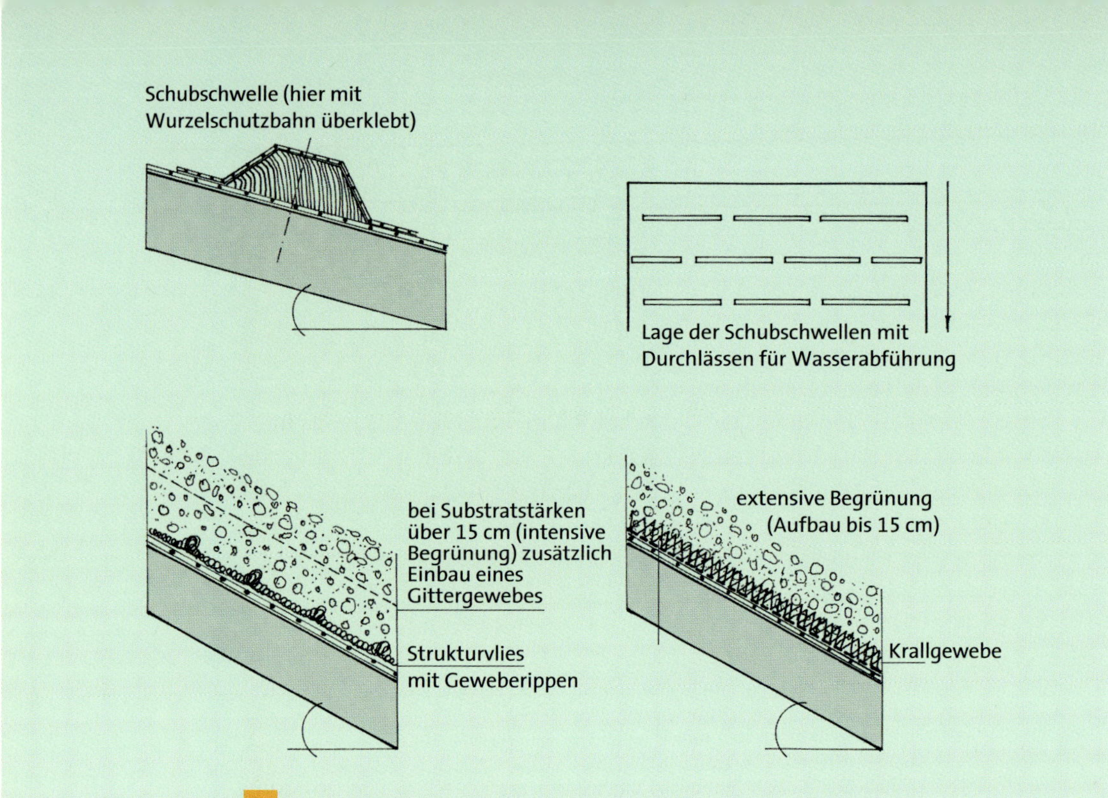

Möglichkeiten der Schubsicherung bei Steildächern.

sichern das Substrat, bis die Wurzeln die Stabilisierung übernehmen. Auch profilierte Dränmatten aus Kunststoffen mit noppenartigen oder gitterförmigen Strukturen können als Schubsicherung verwendet werden. Sie werden meist aus Recyclingmaterial hergestellt. Es sollte aber trotzdem bedacht werden, ob der Einbau dieser Mengen von Kunststoffen auf dem Dach sinnvoll ist.

Substrate und Mulchmaterialien

Auch die Wahl des Substrates ist von der Dachneigung abhängig. Trotz einer ausreichend dimensionierten Schubsicherung kann es im wassergesättigten Zustand abscheren und vom Dach rutschen. Das Substrat muss deshalb kornstabil sein und darf nur einen geringen Anteil abschlämmbarer Substanzen aufweisen. Sand- und Humusanteile müssen also gering sein, ebenso Ton- und Lehmteilchen, die aufgrund ihres Wasserhaltevermögens eigentlich erwünscht wären. Körnige Mulchmaterialien sind auf Steildächern auch nur bedingt einsetzbar, so wünschenswert ihre Wirkung als Verdunstungsminderer des Substrates auch ist. Leichte Stoffe können davongeweht werden, andere neigen zum Abrutschen bei heftigen Regenfällen. Eine Überspannung der Vegetationsschicht mit Jutebahnen kann hier abhelfen. Sie schützen das Substrat vor zu schnellem Austrocknen und sind gleichzeitig Erosionsschutz bei heftigen Regenfällen. Durch Überwucherung wachsen sie recht schnell in die Vegetation ein und sind dann nicht mehr sichtbar. Ihre langsame organische Umsetzung stellt nebenbei eine organische Düngung des Substrates dar.

Entwässerung und Dachrand

Schräge und steile Dächer sind generell einschichtig aufgebaut, d. h., unter dem Substrat ist keine Dränageschicht nötig. Das Gefälle, die auf die Wurzelschutzbahn gelegten Vliese und das Substrat entwässern schräge Dächer ausreichend. Dafür muss umso größeres Augenmerk den Abflüssen gelten, denn bei großer Neigung können bei starkem Regen auf einmal große Wassermassen anfallen. Dabei dürfen auf keinen Fall Substratbestandteile in die Abflüsse gespült werden, weshalb die Substratschicht technisch von der Entwässerung getrennt werden muss. Dazu sollten oberhalb der Regenrinne und vor dem Dachrand Dränagerohre eingebaut werden, die jedoch gegen Verschlämmung zusätzlich mit Vlies umwickelt werden müssen. Es ist auch möglich, an der Traufseite oberhalb des Dachrandes aus einer vliesumwickelten Kiesschüttung selbst eine Dränage herzustellen. Das auf die Wurzelschutzbahn verlegte Vlies muss in jedem Fall vor dem Randprofil hochgeschlagen werden, damit keine Substratfeinteile in die Entwässerungsrinne gelangen können. Besser ist auch hier eine zusätzliche Dränage aus einem umwickelten leichten Dränagerohr oder einer schwereren vliesumwickelten Kiespackung vor dem gelochten Randprofil. Diese Packung sollte nur etwas niedriger als der Substrataufbau sein und mit passenden Steinen oder Kies abgedeckt werden. Der entstehende Randstreifen von

Geeignet für Steildächer sind alle Leichtsubstrate, die kornstabil sind, ein hohes Wasserspeichervermögen besitzen und sich für extensive Begrünung eignen. Auf keinen Fall dürfen normale Erden verwendet werden.

Eine einfache, aber wirkungsvolle Traufdränage besteht in einer Kiespackung, die auf der ganzen Länge der Traufe in das überstehende Vlies eingewickelt wird.

Einige Moose oder Sedum-Arten, die den Randstreifen mit der Zeit besiedeln, schaden der Dränage nicht.

etwa 50 cm Breite wird nicht mit Substrat abgedeckt und nicht begrünt.

Traufbleche oder -gitter

Dem Dachrand auf der Traufseite kommt eine besondere Bedeutung zu. Er soll das Substrat am Abrutschen hindern und die Schubkräfte der gesamten Dachhälfte aufnehmen, muss aber gleichzeitig wasserdurchlässig sein. Anbieter von Systembegrünungen bieten hierzu verschiedene gelochte Bleche oder andere Lösungen an, die allerdings auf die Dachgröße und die Substratdicke abgestimmt sein müssen. Sinnvollerweise sind sie einige Zentimeter höher als der geplante Aufbau und dienen damit auch als Schneefanggitter. Für Heimwerker gibt es die Möglichkeit, den Dachrand vom Dachdecker oder Spengler fertigen und anbringen zu lassen, wobei auch hier die Aufbaustärke vorher bekannt sein muss. Die Befestigungen des Dachrandes dürfen die Wurzelschutzbahn entweder nicht durchstoßen oder sie müssen extra abgedichtet werden. Dabei ist auf die Verträglichkeit von Folie und Kleber zu achten. Die Lochgröße muss an die anfallende Wassermenge angepasst sein, die umso größer ist, je länger die zu entwässernde Dachhälfte und je dünner die Substratschicht ist. Im Allgemeinen ist aber ein Flächenverhältnis von Lochung und Steg von 1 : 1 völlig ausreichend. Beginnt die Lochung erst einige Zentimeter über der Höhe der Wurzelschutzbahn, hat dies einen leichten Wasseranstau in der untersten Substratschicht zur Folge. Das Substrat hat dann noch etwas Zeit, das Wasser per Kapillarkraft aufzusaugen, was bei stark geneigten Dächern vorteilhaft ist.

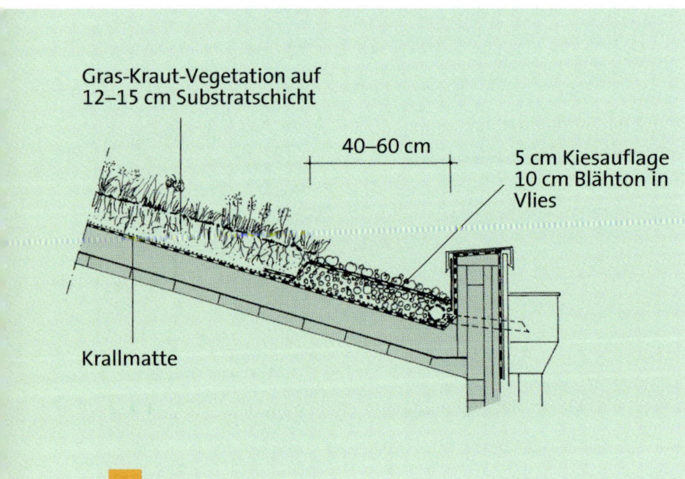

Begrüntes Steildach mit Krallmatte als Schubsicherung.

Traufbalken

Eine Traufentwässerung kann auch durch Einsatz eines Traufbalkens selbst hergestellt werden, der auf Abstandshaltern (z. B. Schrauben mit flachen Köpfen, Holzklötzchen) einige Zentimeter über der Wurzelschutzfolie liegt. Auch hier ist darauf zu achten, dass die Folie nicht durch Punktbelastung oder Bohrungen beschädigt wird. Untergelegte zusätzliche Folienstücke oder Gummimattenreste leisten dabei gute Dienste. Der Traufbalken darf sich über eine lange Dachstrecke nicht durchbiegen und muss dementsprechend dimensioniert sein. Andererseits darf auch hier die zulässige Dachlast nicht überschritten werden. Liegt er direkt über einer tragenden Mauer, spielt sein Gewicht keine allzu große Rolle, ansonsten sollten Sie aber auch hier einen Statiker, Zimmermann oder Dachdecker um Rat fragen.

Für den Traufbalken können in der Regel alle Hölzer verwendet werden. Besonders haltbar und trotzdem leicht ist beispielsweise Lärchenholz, welches auch nicht gegen Verrottung geschützt werden muss. Aber auch Fichtenholz muss nicht mit giftigen Lösungen imprägniert werden. Eine umweltfreundliche Ölimprägnierung reicht völlig aus. Es ist aber auch möglich, ganz auf die Holzbehandlung zu verzichten. Das sollte besonders dann beachtet werden, wenn das Dachwasser in einer Zisterne gesammelt wird.

Sonderformen

Manche Hersteller von Dachbegrünungssystemen verzichten bei Verwendung von Krallmatten auf ein Traufprofil und befestigen die Vegetationsmatten mit Klemmprofilen am Dachrand. Die Wurzelschutzbahn mündet dabei direkt in die Dachrinne, die allerdings so nicht vor Substrateinspülung gesichert ist. Soll das ablaufende Dachwasser in einer Zisterne aufgefangen und wieder verwendet werden, muss unbedingt ein Filter eingebaut werden. Nicht bedeckte Folienteile werden von UV Licht angegriffen und sollten deshalb vermieden werden. Jute- oder Kokosgewebe, die als Böschungssicherung im Teichbau verwendet werden, können, besonders bei Tonnendächern ohne Randprofil, den untersten Folienstreifen bedecken und so vor der schädlichen UV-Strahlung schützen. Mit der Zeit werden dann auch diese steilen Stellen besiedelt, auf denen das Substrat sonst immer wieder abrutschen und die nackte Folie Schaden erleiden würde.

Die Traufdränage wird nicht mit Substrat, sondern mit Kies oder Dränagekies abgedeckt. Trittplatten sichern hier die Begehbarkeit des Dachrandes.

Begrünungstechniken

Steile Dächer verlangen extremste Anpassungsleistungen von den auf ihnen wachsenden Pflanzen. Besonders die in südliche Richtungen weisenden unbeschatteten Dachteile heizen sich im Sommer stark auf und führen zu großem Trockenstress der Pflanzen. Aber auch an sonnigen Wintertagen mit Temperaturen unter 0 °C leiden die Pflanzen, da sie aus dem durchfrorenen Substrat kein Wasser aufnehmen können. Außerdem ist das Substrat selbst nach heftigen Niederschlägen bald wieder trocken, denn einerseits wird das auftreffende Niederschlagswasser schnell wieder abgeführt, andererseits sind steile Dächer auch vermehrt austrocknenden Winden ausgesetzt.
Es können also auf steilen Dächern mit Südausrichtung nur solche Arten zur Begrünung verwendet werden, die sehr trockenheitsverträglich sind, nicht zu Verbrennungen neigen, windstabil sind, einen schnellen Wechsel zwischen Auftauen und Gefrieren des Substrats vertragen und auf die schützende Schneedecke im Winter verzichten können. Die trocken-heißen Steinspalten der Volltrockenrasen, die im Wesentlichen von *Sedum-* und *Sempervivium*-Arten besiedelt werden, sind deshalb natürliche Vorbilder für die Pflanzenauswahl.

Die Rotfärbung der Sedum-Pflanze zeigt zwar deutlich einen Nährstoffmangel, ist aber für diese Besiedler extremer Standorte, wie hier auf einer Mauerkrone, völlig normal.

Direkte Bepflanzung

Die direkte Bepflanzung eignet sich nur, wenn das steile Dach von allen Seiten zugänglich ist, z. B. bei kleinen Gartenhäusern, oder gefahrlos betreten werden kann. Wie auch bei flachen und flach geneigten Dächern lässt sich mit einer Bepflanzung das artenreichste und differenzierteste Biotop herstellen. Der Gefahr des Abrutschens kann durch sehr dichte Bepflanzung nur teilweise begegnet werden. Besser ist das Auflegen einer am Giebel befestigten Jutebahn, in welche die für die Bepflanzung nötigen Löcher geschnitten werden. Das Gewebe wird bald von den Pflanzen überwachsen und verrottet nach einiger Zeit.

Vegetationsmatten

Für steile Dächer eignen sich auch Vegetationsmatten, die auf der Substratschicht ausgerollt werden. Leider haben sie nicht die Artenvielfalt, die wünschenswert wäre, denn nur wenige Arten lassen sich auf diese Weise vorkultivieren. Auch ist es schwierig, für kleine Nebengebäude wenige Quadratmeter davon im Handel zu bekommen. Für große Dachflächen von Wohnhäusern sind sie eine gute Lösung, deren Einbau jedoch einem Fachbetrieb überlassen werden sollte. Seit kurzer Zeit sind jedoch neue Vegetationselemente im Handel, die auch für kleine Flächen bestellt werden können. Diese vorkultivierten flachen engmaschigen Netze beinhalten Substrat sowie Vegetation und werden auf eine dünne Substratschicht aufgelegt. Das Kunststoffgewebe verrottet langsam unter dem Einfluss der UV-Anteile des Sonnenlichtes, nachdem das Substrat durchwurzelt ist.

Anspritzverfahren
Auf kleinen Nebengebäuden mit steilem Eternitdach kann das Anspritzen einer klebrigen Masse von Substrat und Samen bzw. Sprossen sinnvoll sein. Eine nachträglich angebrachte Aufkantung an der Traufseite mit Profilen, die sich der Welle der Dacheindeckung anpassen, erlaubt auch eine geringe Substratauflage. Wenn es die Dachlasten zulassen, sollte das Substrat für schattige Dächer zur Hälfte aus Humus bestehen. Neben Moosen können sich auf diese Weise auch Farne und Schatten liebende Blütenpflanzen ansiedeln. Gräser sollten nicht gepflanzt werden, sie säen sich von selbst an und neigen zur Verdrängung anderer Arten.

Dieses kleine Gartenhaus im Schatten wurde nach dem Vorbild norwegischer Grasdächer begrünt.

Nach Süden zeigende kleine Steildächer und solche in sonniger Lage erhalten eine magere Substratschicht und vorwiegend *Sedum*- und *Sempervivum*-Arten, wobei letztere auch ohne Substratauflage auf das Dach „geklebt“ werden können. Sind schon Flechten oder Moose vorhanden, sollten Sie diese nicht entfernen. Sie bereiten den Boden für die bald folgenden Farne und/oder Blütenpflanzen vor.

Die Begrünung steiler Dächer ist nicht nur technisch wesentlich schwieriger als die flacher oder flach geneigter Dächer, sie verlangt auch eine sehr sorgfältige Substratwahl und besonders gute Pflanzenkenntnisse. Auf kleinen Nebengebäuden kann sie der Laie durchaus selbst ausführen, auf Wohnhäusern sollte dies dem Fachbetrieb überlassen werden.

DACHBEGRÜNUNG SCHRITT FÜR SCHRITT

In diesem Kapitel sollen nochmals alle Schritte einer Dachbegrünung anhand von Bildern gezeigt werden. Am Beispiel eines flach geneigten Daches mit Bodeneinlauf und ohne Dränageschicht (einschichtige Bauweise) werden alle Arbeitsgänge beschrieben. Das Beispiel gilt sowohl für eine neue Dachbegrünung als auch für die nachträgliche Begrünung eines alten Daches. Die Arbeiten beginnen oberhalb der Dachdichtung, in unserem Fall einer vom Dachdecker verlegten und verklebten wurzelfesten Dachpappe, die vor der Begrünung auf Dichtigkeit geprüft wurde.
Die extensive oder naturnahe Begrünung eines Null-Grad- Daches verläuft prinzipiell nach gleicher Schrittfolge, nur wird hier erst eine vollflächige Dränageschicht aufgeschüttet, die wiederum von einem Vlies abgedeckt wird (zweischichtige Bauweise). Dann erst wird das Substrat aufgebracht und begrünt.

Entsprechend der gewählten Substratdicke kann eine Aufkantung des Flachdaches erforderlich sein.

Die Wurzelschutzfolie wird auf der trockenen und gesäuberten Betondecke ausgebreitet und an den Rändern hochgeschlagen.

Der Bodeneinlauf wird eingedichtet und in diesem Fall zusätzlich mit einem Drahtkorb versehen, der die vliesumwickelte Kiespackung als Ringdränage sichert.

Auf die unbeschädigte wurzelfeste Dachpappe wird das Vlies gelegt und an allen Rändern hochgeschlagen. Zuvor sollten jedoch evtl. vorhandene Wasserpfützen abgekehrt werden, denn die Dachdichtung muss frei von Wasser sein. Tiefere, stehende Pfützen (Tiefe mehr als 3 cm) weisen auf Unebenheiten hin, die ggf. mit einer Kiesschicht ausgeglichen werden, damit die Pflanzen nicht immer im Nassen stehen.

Die Ränder werden nicht zu knapp abgeschnitten und in diesem Fall unter die Attikaabdeckung geklemmt. Sollen sie mittels Klemmschienen an aufsteigenden Rändern befestigt werden, so geschieht das erst nachdem das Substrat eingefüllt wurde, weil sich das Vlies unter der Last evtl. noch etwas strafft.

Bei ebenen Bodeneinläufen wird das Vlies darüber gelegt, wobei die Stelle mit einem umgestülpten Eimer markiert werden sollte. Eine Kiespackung, die auch von oben mit Vlies abgedeckt wird, verhindert, dass Substratbestandteile in den Abfluss gespült werden.

In diesem Fall wird das Vlies auf den Ablauf gelegt und mit Kies abgedeckt. Darüber wird ein weiteres Stück Vlies gelegt. Auf und rund um den Einlauf wird nur Kies gefüllt. Falls aufsteigende Bauteile angrenzen, wird auch hier ein Sicherheitsstreifen von 50 cm Breite nur mit Kies verfüllt.

Anschließend wird das mineralische Substrat aufgebracht, hier mit einem Gebläse (schließen Sie vorher alle Fenster in der Nähe!).

Geringe Humusmengen können nach der Glättung des Substrates aufgebracht und vorsichtig mit Schaufel oder Rechen untergemischt werden.

Bepflanzung

Jetzt sollten Sie die Gestaltung mit größeren Steinen, Aufhügelungen, Hilfen für Tieren u. a. vornehmen. Dazu werden alle Gestaltungselemente, hier Totholzstücke und Mulchmaterialien ausgelegt. Anschließend stellen Sie die Pflanzen in ihren Töpfen in der gewünschten Anordnung auf das Substrat.

Die Pflanzung der Stauden und Zwerggehölze erfolgt mit einer stumpfen Pflanzschaufel. Scharfkantige Geräte sollten Sie nicht benutzen. Der Wurzelballen wird in ein vorbereitetes Pflanzloch ebenso tief gesetzt, wie er im Topf war, und von den Seiten leicht angedrückt.

Die Pflanzen werden nun abschnittsweise, zur Leiter hin rückwärts arbeitend, ausgetopft und eingegepflanzt. Dazu wird der Topfballen leicht mit den Händen zusammengedrückt und anschließend vorsichtig umgedreht. Ein gut durchwurzelter und feuchter Ballen fällt dann von selbst heraus.

Nach dem Pflanzen und Mulchen und dem letzten kritischen Blick auf die Gestaltung sowie dem Abräumen aller Töpfe und Geräte, erfolgt die gründliche Bewässerung der Begrünung mit einem Brausevorsatz. Gleichzeitig werden Attika und angrenzende Bauteile gesäubert. Erst wenn vom Substrat kein Wasser mehr aufgenommen wird und das Gießwasser in die Entwässerung läuft, können Sie den Vorgang beenden.

Dachbiotope

ÖKOLOGISCH BETRACHTET

Die Natur zeigt uns viele Beispiele von Pflanzengesellschaften, die als Vorbilder für Dachbegrünungen dienen können, wie hier die Besiedler nackter Felsen, die abrupt Wechsel von Hitze und Kälte, Nässe und Trockenheit ertragen können. Allerdings sind die Bedingungen auf Dächern den natürlichen nur ähnlich, sodass für die richtige Auswahl und Zusammenstellung einige ökologische Grundkenntnisse unerlässlich sind.

Kleine Pflanzenökologie

In der Natur kommen Pflanzen in bestimmten abgrenzbaren Zusammenstellungen vor, den Pflanzengesellschaften. Klima- und Bodenverhältnisse bestimmen dabei sowohl die Artenzusammensetzung als auch die Wuchsform der Pflanzen. Daneben sind auch Eingriffe von Tieren und Menschen, wie z. B. Beweidung und Mahd, für die Entstehung und Entwicklung der Pflanzengemeinschaft entscheidend.
Die wenigen Pflanzengesellschaften, die sich direkt auf gegebenen Verhältnissen etablieren können, werden Pioniergesellschaften genannt. Sie werden meist früher oder später von Übergangsgesellschaften abgelöst, bis sich eine für die Region typische Pflanzengesellschaft (Klimax) dauerhaft etabliert.

Jahreszeitliche Änderungen

Eine scheinbare Änderung der Artenzusammensetzung schaffen die Jahreszeiten. Viele Pflanzen ziehen sich mit ihren oberirdischen Teilen unter die Erde zurück, wenn es ihnen zu heiß, zu trocken, zu kalt oder zu dunkel wird. Besonders Pflanzen extremer Standorte sind Meister der Anpassung an vorübergehende lebensfeindliche Bedingungen. Die sichtbaren Pflanzenteile der Arten, besonders die Blüten, bilden dann den Frühlings-, Sommer-, Herbst- oder Winteraspekt einer Pflanzengesellschaft, was zu allen Jahreszeiten unterschiedliche Bilder ergibt.
Auch auf dem Dach sollte die Artenzusammensetzung wie beim natürlichen Vorbild auf Klima- und Bodenverhältnisse abgestimmt sein. Da diese Standortfaktoren selten denen der Natur entsprechen, entstehen auf Dächern neue Artenkombinationen. Damit diese aber sowohl natürlich aussehen als auch als naturnah gelten können, müssen Kriterien für Auswahl und Zusammenstellung der Arten gefunden werden, die sich an den natürlichen Vorbildern bekannter Pflanzengesellschaften orientieren.

Die Artenzusammensetzung natürlicher Pflanzengesellschaften, wie hier die eines Magerrasens, kann als Vorbild für eine naturnahe Dachbegrünung dienen.

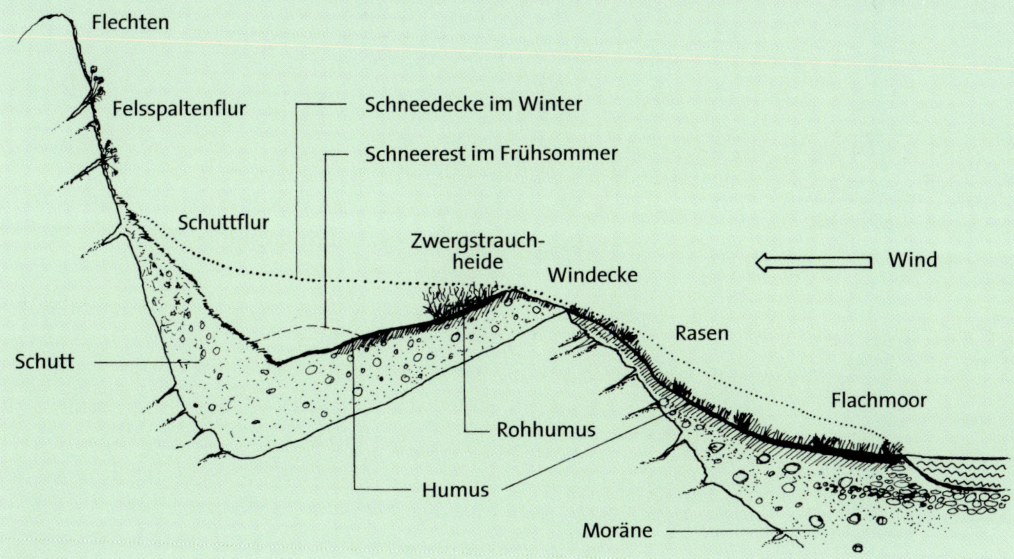

Charakteristische Vegetationsformationen der alpinen Stufe, die je nach Basengehalt des Bodens durch verschiedene Pflanzengesellschaften vertreten werden (nach Ellenberg 1996).

Klima und Boden

Unser derzeitiges Klima in Mitteleuropa zeichnet sich durch den Wechsel zwischen einem mäßig warmen Sommer und einem mäßig kalten Winter aus, der für die meisten Pflanzenarten monatelange Ruhe bedeutet. Die Gegensätze beider Jahreszeiten werden durch die Lage Mitteleuropas zwischen dem ozeanischen Westen und dem kontinentalen Osten Europas so weit ausgeglichen, dass die Lufttemperaturen im Sommer selten 30 °C übersteigen, im Winter nur manchmal unter minus 20 °C sinken. Die Übergangszeiten Frühling und Herbst sind verhältnismäßig lang und verlängern die Wachstumsperiode für viele Pflanzen. Durch das häufige Aufeinandertreffen von Hoch- und Tiefdruckgebieten fallen zu allen Jahreszeiten Niederschläge, was besonders den Wuchs sommergrüner Bäume fördert. Lediglich im Südosten, in den Mittelmeerländern und in den Regenschattengebieten der Gebirge sind die Niederschläge für ausgedehnte Wälder zu gering. Frost und Trockenheit sind entscheidende Begrenzungsfaktoren für viele Gewächse und beeinflussen die Vegetation sowohl in ihrer Ost-West- und Nord-Süd-Begrenzung als auch in der Höhenzonierung.

Wind

Für die Windverhältnisse ist das Relief des Bodens verantwortlich. Wegen des abnehmenden Einflusses der Bodenreibung wächst die Windgeschwindigkeit mit zunehmender Höhe. Bestimmte Geländeformen wie

Mit unterschiedlichen Substratzusammensetzungen und Mulchmaterialien lassen sich auch auf kleinen Flächen differenzierte Boden- und Mikroklimaverhältnisse schaffen.

enge Täler oder Häuserschluchten in Städten führen aufgrund ihrer Düsenwirkung zu Windverstärkungen. In Bodennähe führt der Wind Luftschichten höherer Luftfeuchte ab, sodass er eine austrocknende Wirkung auf oberirdische Pflanzenteile und den Boden hat.

In Gegenden, in denen Wasser nur begrenzt vorhanden ist, haben Pflanzen besondere Strategien als Verdunstungsschutz entwickelt. Bei manchen Arten ist die Blattoberfläche von einer dicken Wachsschicht überzogen, kleine Härchen auf der Blattunterseite schränken die Verdunstung ein oder eine silbrige Farbe reflektiert das auftreffende Sonnenlicht zum Teil. Auch ein gedrungener Wuchs des oberirdischen Vegetationskörpers weist auf eine Anpassung an Trockenheit hin. Dagegen ist das Wurzelsystem solcher Pflanzen wesentlich ausgedehnter, was ihre oftmals lückig aussehenden Bestände erklärt.

Sonneneinstrahlung

Die Strahlungsverhältnisse sind für das Pflanzenwachstum ebenfalls bedeutsam. Die für die chemischen Vorgänge benötigten Anteile machen nur etwa 5 % des auf das Blatt auftreffenden Sonnenlichts aus, die restlichen 95 % führen zu einer Erwärmung der oberirdischen Pflanzenteile. Durch Transpiration kann eine zu starke Aufheizung durch die Pflanze verhindert werden, dazu benötigt sie aber ständigen Wassernachschub aus dem Boden.

Sinken die Temperaturen so weit, dass die durchwurzelte Bodenschicht gefriert, hat das für die Pflanze dieselben Auswirkungen wie anhaltende Trockenheit. Austrocknende kalte Winde schädigen die Blätter im Winter zusätzlich, weil der Wassernachschub über die Wurzeln ausbleibt.

Boden

Das Klima einer Region hat neben seinem Einfluss auf die Pflanzen auch wesentlichen Einfluss auf die Bodenbeschaffenheit, einerseits direkt durch Niederschläge, Winde und Temperatur, andererseits indirekt durch seinen Einfluss auf die Vegetation und das Bodenleben.

Boden entsteht durch klimabedingte Verwitterung des obersten Gesteinsmantels der Erde und unter dem Einfluss von Organismen. Mikroorganismen im Boden haben nicht unerhebli-

chen Anteil an dessen Chemismus und beeinflussen damit die in ihm verwurzelten Pflanzen. Letztere wiederum schützen den Boden vor Erosion und extremen Klimaeinflüssen, sodass wir von einer Vernetzung gegenseitiger Einflüsse ausgehen müssen. Die chemisch-physikalischen Eigenschaften des Bodens setzen sich aus der Bodentemperatur, der Korngrößenzusammensetzung, seinem Porenvolumen und dem Wasserspeichervermögen einerseits und seinen chemischen Bestandteilen wie Gesteinsart, Mineralstoffgehalt und Humusanteilen andererseits zusammen. Auch hier wirken die Pflanzen durch Wurzelausscheidungen aktiv auf die Bodenzusammensetzung ein.
Die meisten Pflanzenarten sind auf ganz bestimmte Bodenarten angewiesen, weshalb die Kenntnis des vorhandenen Bodens für eine gelungene und ausdauernde Ansiedlung von Pflanzen unerlässlich ist.

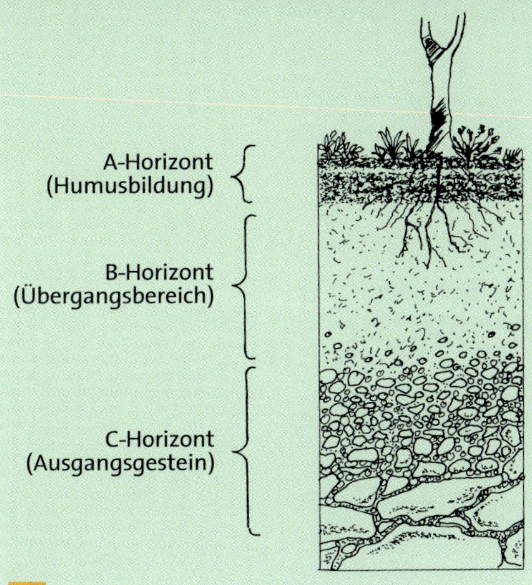

Schema eines natürlichen Bodenprofils.

Dächer als Extremstandorte

Hinsichtlich der Standortfaktoren Klima und Boden sind Dächer Sonderstandorte, auf denen nur eine vergleichsweise geringe Zahl von Pflanzenarten wachsen kann.
Die Klimaverhältnisse sind dabei als gegeben hinzunehmen, der Boden muss erst noch aufgebracht und kann daher gewählt werden. Allerdings sind auch hier die Grenzen aufgrund bautechnischer Gegebenheiten, besonders den statischen Bedingungen, eng gesteckt. Bei der Auswahl der Pflanzenarten für die Dachbegrünung gehen wir immer von den gegebenen Klimaverhältnissen aus und passen den Boden bestmöglich an.

Licht

Wichtigster Klimafaktor auf dem Dach ist der Grad der Sonneneinstrahlung, wobei der Sonnenstand in der Wachstumsperiode, also von Mai bis Juli, entscheidend für das Pflanzenwachstum ist.
Sowohl Strahlungsintensität als auch -menge, die eine Dachfläche an einem Tag erhält, sind, einerseits von ihrer Neigung, andererseits vom Einstrahlungswinkel der Sonne zu verschiedenen Jahres- und Tageszeiten abhängig. Südost-, Süd- und Südwestausrichtung eines Daches bieten demnach die größten Einstrahlungsintensitäten, die durch eine Neigung

Hinsichtlich der Stärke der Sonneneinstrahlung werden unterschieden:

- vollsonnige oder sonnige Standorte, die den ganzen oder zumindest den überwiegenden Teil des Tages besonnt sind,
- halbschattige Standorte, die nur einen Teil des Tages innerhalb der Vegetationsperiode Sonnenlicht erhalten und
- schattige Standorte, die den größten Teil des Tages im Schatten eines Gebäudes oder eines Baumes liegen.

des Daches bis 45° noch verstärkt werden.

Wärme

Neben dem sichtbaren Teil der Sonnenstrahlung, dem Licht, spendet die Sonne auch die langwelligere Wärmestrahlung. Deren Wirkung ist auch von der Oberflächenbeschaffenheit, besonders der Farbe des Empfängers, abhängig. So absorbieren dunkle Oberflächen mehr Wärmestrahlung als helle, raue Oberflächen mehr als glatte.

Durch eine differenzierte Oberflächengestaltung kann neben der Beeinflussung des Kleinklimas auch eine Erhöhung der Vielfältigkeit und damit der ökologischen Wertigkeit durch die Ansiedlung einer Vielzahl von Tierarten erreicht werden.

Auch die Materialbeschaffenheit, sein Absorptionsvermögen und seine Wärmeleitfähigkeit entscheiden über den Erwärmungsgrad. Umgekehrt geben Oberflächen auch Wärme wieder ab, sodass letztlich die Bilanz zwischen Wärmeaufnahme bei Tag und Wärmeabgabe bei Nacht über die Erwärmung oder Abkühlung eines Bodens entscheiden.

Die Wärmeabstrahlung des Bodens ist in klaren Nächten am größten. Sie wird jedoch gemindert durch die Wärmeabgabe von Gebäudeteilen wie der Geschossdecke oder von Mauern. Es ist daher klimatisch ein Unterschied, ob ein begrüntes Dach von aufsteigenden Gebäudeteilen begrenzt oder freistehend ist.

Schließlich ist noch die Tatsache zu bedenken, dass die Pflanzendecke den Boden vor der Wärmeabstrahlung schützt, die Pflanzen selbst aber nachts durch Verdunstung mehr Wärme abgeben, als sie vom Himmel zugestrahlt bekommen. Die Folge ist, dass sie kälter werden als die Luft. In einer Frostnacht kann das mehrere Grade ausmachen, sodass auch in scheinbar frostgeschützten Lagen Frostschäden an oberirdischen Pflanzenteilen entstehen können.

Boden
Eine natürliche Bodenschichtung lässt sich auch bei hohem Substrataufbau auf dem Dach nie erreichen, denn in der Natur nimmt der Boden durch Kapillarkräfte immer wieder Feuchtigkeit aus tieferen Bodenschichten auf. Durch eine dünne Mulchdecke, strukturierte Oberflächen, durch Aufhügelungen, eingebaute wärmespeichernde Steine und unterschiedlich hohe Pflanzen wird die oberflächennahe Windgeschwindigkeit gemindert und das Substrat vor dem Austrocknen geschützt.

Klima
Extrem ist der Standort Dach, weil alle Klimafaktoren stark schwanken können. Bei hoher Sonneneinstrahlung und gleichzeitig kaltem Wind können die Temperaturschwankungen zwischen einer besonnten und einer beschatteten windexponierten Dachecke bis zu 50 °C betragen. Es ist daher wichtig, sich vor der Begrünung nicht nur mit dem durchschnittlichen Klima der Region, sondern auch mit den Extremen wie längeren Trockenperioden, Frostperioden ohne Schneebedeckung, Windrichtung und -stärke und dem bauwerksbedingten Kleinklima auf dem Dach auseinander zu setzen. Dazu gehören auch die Auswirkungen angrenzender Bauten mit ihren Einflüssen auf Luftströmung, Licht- und Schattenzonen, Wärmerückstrahlung, Lichtreflektionen von Fenstern oder verspiegelten Flächen und Regenschattenbereiche.

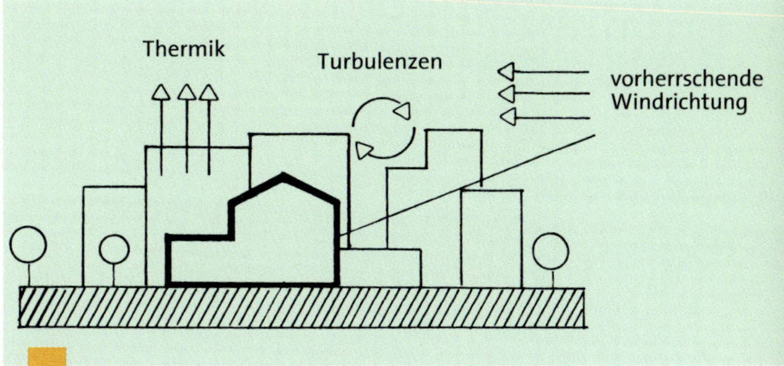

Die Windverhältnisse auf einem Dach werden neben der geografischen Lage vom Standort des Gebäudes bestimmt.

Strukturierung und Dekoration

Der optische Eindruck einer begrünten Dachfläche hängt nicht nur von den verwendeten Pflanzenarten, sondern auch von der Substratfarbe ab. Falls Sie die Wahl zwischen mehreren Substraten haben, können Sie das farblich ansprechendste wählen. Helle Farbtöne wirken immer natürlicher als die oft angebotenen dunklen und heizen sich nicht so stark auf. Meist wird jedoch ein leicht zu be-

Alle Maßnahmen, die Extreme abmildern helfen, sind geeignet, das Dach lebensfreundlicher zu gestalten. Dazu sind in der Regel keine besonderen Materialien nötig, sondern es reicht, das verwendete Substrat an verschiedenen Stellen (wo es die Statik zulässt) aufzuhügeln, dickere Steine, besonders an den Randbereichen, einzubauen und da und dort eine Mulchschicht andersfarbigen Materials aufzubringen.

Tipp:

Auf dem Dach dürfen nur mineralische Mulchmaterialien verwendet werden, von denen die verschiedensten Ausgangsgesteine, Körnungen und Farben als Splitt oder Kies angeboten werden.

schaffendes Substrat, das in der näheren Umgebung hergestellt wird, gewählt. Dessen Farbe kann dann mit einer dünnen Mulchschicht aus farblich passendem Material abgedeckt werden. Auf dem Dach können allerdings die organischen, für den Garten idealen Mulchmaterialien Rindenschrot und Holzhäcksel, nicht verwendet werden. In trockenem Zustand würden sie vom Wind verweht werden, in feuchtem Zustand zersetzen sie sich langsam und führen zu einer Düngung des Substrates. Sie passen auch nicht zu trockenen Standorten, wo sie beim natürlichen Vorbild auch kaum anfallen.

Eine Mulchdecke sieht nicht nur dekorativ aus, sondern schützt das Substrat vor dem Austrocknen, verhindert Erosion durch Wind, mindert das Keimen unerwünschter Pflanzen durch Samenanflug, hat chemische Pufferwirkung (z. B. Kalksplit) und nicht zuletzt durch ihre Farbe einen Einfluss auf das Mikroklima.

Das Mulchmaterial sollte sorgfältig ausgewählt und immer nur in einer dünnen Schicht von 1 bis 3 cm aufgetragen werden. Dies kann vor, aber auch nach der Bepflanzung geschehen. Schneller geht es vor dem Pflanzen. Allerdings mischen sich beim Graben der Pflanzlöcher leicht Substrat und Mulchschicht. Zeitintensiver, aber auch ordentlicher wird eine Mulchdecke, wenn sie abschnittsweise direkt nach dem Pflanzen der Dachstauden von Hand ausgebracht wird. Die dekorative Wirkung einer Mulchdecke kann gesteigert werden, wenn die Fläche mit unterschiedlichen, farblich passenden Materialien untergliedert wird. Ganz zuletzt, nachdem das gesamte Dach bepflanzt wurde, kann nicht mehr gemulcht werden, weil die kleinen Pflänzchen allzu leicht übersehen und versehentlich zertreten werden.

Aufenthaltsräume für Tiere

Mit Mulchmaterialien wie Sand, Schotter und Kies, Wasserbecken, großen Steinen, Lehm und Totholz lassen sich attraktive Aufenthaltsräume für Tiere auf dem Dach gestalten. Dabei müssen wir die Bedürfnisse der erwünschten Tierarten nicht einmal genau kennen, es reicht oftmals, eine reich strukturierte Mini-Landschaft unter Verwendung verschiedener Materialien zu schaffen. Es können aber auch gezielt Hummelnistkästen, Wildbienennisthilfen und kleine Tränken für Insekten und Vögel aufgestellt werden. Diese können über den Fachhandel oder die Naturschutzverbände bezogen oder nach Anleitung selbst hergestellt werden. Es ist manchmal ganz erstaunlich, was sich alles an Tierarten auf dem Dach aufhält, wenn dieses nur einladend genug gestaltet ist.

Alle zusätzlichen Gestaltungselemente und Behausungen für Tiere müssen selbstverständlich so aufgestellt sein, dass von ihnen keine Gefährdung durch Herunterfallen oder Brand ausgeht. Holzteile können zur Sicherheit durch Bänder am Dachrand befestigt werden. Je schwerer ein Stein ist, desto weniger kann er heruntergeweht werden, aber er stellt auch durch sein Gewicht eine statische Belastung dar, was unbedingt berücksichtigt werden muss. Die Punktbelastung auf die Dachhaut kann durch Unterlegen flacher Platten, am besten auf einem zusätzlichen Stück Vlies, abgemildert werden. Aus ästhetischen Gründen sollten Sie sich auf unterschiedlich große Steine einer Gesteinsart beschränken und diese in Gruppen in natürlich wirkender Anordnung etwas tiefer in das Substrat einbauen.

Heimische Pflanzen als Nahrungsquellen

Besonders interessante und seltene Tiere können auf dem Gründach aber nur erwartet werden, wenn es dort heimische blühende Pflanzen mit Nektarangebot gibt. Zu ihren Besuchern gehören Wollbienen, Steinhummeln, Sandbienen und Faltenwespen, ferner Schlupfwespen und Erzwespen, deren Larven in anderen Insekten, z. B. Blattläusen, parasitisch

So können Sie ganz einfach Aufenthaltsräume für Tiere schaffen:

- Eine Mischung von Steinen, zum kleinen Steinhaufen gelegt oder als Trockenmauer mit Hohlräumen geschichtet, kann verschiedenen Tierarten als Unterschlupf dienen.
- Werden einige Lücken mit Lehm gefüllt, können Mauerbienen Röhren für ihre Larven graben.
- Eingebaute hohle Stängel aus Strohhalmen oder Holunderzweigen, aber auch Hartholzreste oder ganze Äste mit Löchern von einigen Millimetern Durchmesser versehen, werden von Wildbienen als Nistgelegenheit genutzt.
- Ein umgedrehter Tontopf, mit Heu oder trockenem Moos gefüllt, kann ein Hummelnest werden, wenn wir für einen röhrenförmigen Eingang in Form eines Schlauchrestes sorgen.
- Für Vögel können kleine Tränken aufgestellt werden, deren Frischwasserversorgung Sie durch einen versteckt eingebauten Schlauch mit Anschluss an einen gut zugänglichen Wasserhahn am Haus gewährleisten. Überlaufendes Wasser spült das Gefäß sauber und schadet dem Dach nicht.
- Flache Schalen, in eine Schicht aus Dränagekies eingebettet, sind besser als tiefe Becken. Mit einem halb eingetauchten und festgeklemmten Stück Moos oder einem Schwamm versehen, dienen sie auch Insekten als Wasserquelle.
- Größere Wassergefäße (z. B. kleine Becken) müssen mit Kies gefüllt werden, damit Tiere nicht darin ertrinken können. Ein in das Becken ragender rauer Ast sorgt dafür, dass Tiere, die hineingefallen sind, wieder herausklettern können.

leben. Aber auch verschiedene Käferarten, Spinnen, Schmetterlinge und Schnecken können auf einem Dach Nahrung finden. Für einige Vogelarten kann ein Dach als ungestörter Nistplatz dienen, denn im Sommer sind viele Insekten, im Winter die Samen der Pflanzen eine wichtige Nahrungsquelle. Begrünte Dächer mit Bodenanschluss in Form eines aufgeschütteten Hanges oder einer angrenzenden Trockenmauer können selbst für Eidechsen willkommenes Versteck und Sonnenplatz sein.
Ein einzelnes Dach ist zweifellos nur eine Insel inmitten einer lebensfeindlichen Umgebung, viele Gründächer dagegen können für Vögel und Insekten als Trittsteine von einem Lebensraum zum nächsten dienen und damit einen wichtigen Beitrag zur Erhaltung und Verbreitung von Tierarten leisten. Nicht zuletzt soll aber auch uns das Tier- und Pflanzenleben auf dem Dach erfreuen und zu weiteren Beobachtungen und besserem Naturverständnis anregen.

Eine kleine Trockenmauer mit Spalten, Lehmfugen und Strohhalmen dient als Brutquartier für Wildbienen.

Kriterien für die Pflanzenwahl bei naturnahen Dachbegrünungen

- **Es sollten nur heimische Arten verwendet werden. Darunter sind alle natürlich vorkommenden Pflanzenarten Mitteleuropas zu verstehen und aufgrund der besonderen Klimaverhältnisse auf dem Dach auch Pflanzenarten Süd- und Osteuropas.**
- **Es sollten hauptsächlich Wildformen gewählt werden, weil diese für nektar- und pollensuchende Insekten eine wesentlich bessere Nahrungsgrundlage darstellen als züchterisch veränderte Hybriden und Sorten, die oftmals ihre Fruchtbarkeit eingebüßt haben.**
- **Gegen die Verwendung einiger „Fremdlinge“ oder Sorten zur optischen Aufwertung ist nichts einzuwenden, wenn die heimischen Wildformen dominieren.**

Problembereiche

Auf vielen Dächern gibt es Stellen, die sich einer Begrünung widersetzen, weil sie aus konstruktiven Gründen frei bleiben müssen, wie Dachfenster, Entlüftungsrohre und Kiesstreifen, oder weil lebensfeindliche Bedingungen herrschen, wie z.B. im Regenschatten von Gebäuden. Auch Kamine mit schwefelsäurehaltigen Emissionen, stark windige Dachecken und tiefschattige Bereiche müssen von der

Ein flaches Wasserbecken dient als Vogel- und Insektentränke und sieht zudem schön aus.

Bepflanzung ausgespart bleiben. Sie können aber geschickt in die Gestaltung mit einbezogen werden. Gerade hier eignen sich Steine oder gemulchte Flächen, die in zufällig wirkender Anordnung Problembereiche kaschieren. Es muss jedoch immer darauf geachtet werden, dass die Funktion von Entlüftungsrohren, Traufdränagen, Wegen zum Kamin u.a. Bauteilen nicht beeinträchtigt wird.

Kamine

Zur Begrünung von Kaminen müssen Sie vorher unbedingt den zuständigen Schornsteinfegermeister befragen und sich in der Statik ihres Daches rückversichern. In vielen Fällen ist eine zusätzliche Dachlast, wie sie eine Anböschung oder Pflanzgefäße darstellen, rund um den Kamin möglich, die Wartungsfreundlichkeit muss aber immer gegeben sein.

Pflanzgefäße und Randerhöhungen

Wenn es die Dachlasten zulassen, was über tragenden Bauteilen meist der Fall ist, können Randerhöhungen gemauert oder Pflanzgefäße aufgestellt werden. Bei einem nicht begehbaren Dach kann ein eingebauter Schlauch in das Pflanzgefäß münden und nach Bedarf von unten bedient

Entlüftungsrohre und andere optisch störende Bauteile lassen sich mit natürlichen Materialien kaschieren, besonders wenn die Farben aufeinander abgestimmt werden.

Auf begehbaren Dächern können Randerhöhungen oder schwere Pflanzgefäße als Absturzsicherung dienen.

werden. In einem größeren Pflanzgefäß können auch Pflanzen wachsen, die sich zur Fassadenbegrünung angrenzender Bauteile eignen. Selbstklimmer wie Efeu oder der dreilappige Wilde Wein sind zum Verdecken einer hässlichen Wand gut geeignet. Ihre Ansprüche an Boden und Bewässerung entsprechen jedoch denen einer Intensivbegrünung, was bedeutet, dass sie neben der Bewässerung auch deutlich mehr und nährstoffreicheres Substrat sowie regelmäßige Düngergaben benötigen.

Tipp:

Bevor Sie über die Gestaltung der Problembereiche nachdenken, sollten Sie das Dach von allen Perspektiven aus betrachten, um eine befriedigende Lösung zu finden.

Gerade Fassadenkletterer haben eine große Blattmasse sowie hohen Nährstoffbedarf und trocknen an warmen sonnenexponierten Wänden schnell aus.

Dachflächen ohne Substratauflage

Auch sie können von Kletterpflanzen begrünt werden. Dies kann durch eine Begrünung von unten mit Fassadenkletterern geschehen, die mit ihrem Fuß im Gartenboden stehen, oder durch kriechende Gewächse, welche auf das Dach gepflanzt werden und in der Lage sind, nackte Flächen zu überdecken. Verwenden Sie jedoch keine stark wuchernden Arten, wenn das Dach nicht regelmäßig kontrolliert werden kann. Sie können u. U. das ganze Dach überdecken und alle darunter wachsenden Arten ersticken.

Dachränder

Sie gehören ebenfalls zu den Problembereichen, weil sie aus Gründen des Brandschutzes von der Begrünung ausgespart bleiben müssen, wenn sie an andere Gebäudeteile grenzen. Hier bietet sich beispielsweise eine optisch attraktive Schicht aus farbig passendem Schotter bzw. Kies oder eine attraktive Steinsetzung nach japanischem Vorbild an. Handelt es sich allerdings um einen überstehenden Dachrand, ist die Belastungsfähigkeit genau zu prüfen. Auch der traufseitige Dachrand mit Dränage darf nicht in seiner Funktion als Entwässerung beeinträchtigt werden.

Fassadenkletterer helfen, hässliche Bauteile zu verdecken, können aber auch die Entwässerung verstopfen und die Dachbegrünung überwuchern, weshalb gelegentlicher Rückschnitt nötig ist.

Alle Mulchmaterialien, die zu Auswaschungen neigen (z. B. Kalkschotter), können das Dränagevlies zusetzen und eine Versinterung der Entwässerungsrohre bewirken. Eine Randgestaltung kann aber durchaus funktional und attraktiv sein, wenn die Materialien farblich passend zur Aufkantung ausgewählt werden. Auch Dachpflanzen, die an sichtbaren Stellen über den Dachrand hängen, nehmen ihm die optische Schärfe. Dafür eignen sich besonders nicht wuchernde Zwerggehölze wie Flügelginster und Zwergwacholder, aber auch Stauden wie Zimpelkraut und Frühlingsfingerkraut.

Dachränder, die aus technischen Gründen frei von Substrat und Begrünung bleiben müssen, können optisch ansprechend gestaltet werden, wenn mit farblich passenden Steinen die Breite des Kiesstreifens variiert wird.

Schöne Bepflanzungsbeispiele für kleine Dächer

Im Folgenden sollen verschiedene Begrünungsbeispiele für kleine **Dächer** unterschiedlicher Größe, Neigung und Himmelsrichtung vorgestellt werden. Angegeben sind Besonnung, Größe und Neigung des Daches, Art und Höhe des Substrates sowie dessen Gewicht im trockenen und wassergesättigten Zustand, sein Humusanteil und eine empfohlene Mulchabdeckung. Falls Sie eines der Beispiele umsetzen wollen, so können Sie sich die benötigten Massen aus der tatsächlichen Größe ihres Daches errechnen. Es können auch andere Substratzusammensetzungen verwendet werden, die aber in der Regel schwerer sind.
Als **Substrate** werden einheitlich Lava-Bims-Gemische mit unterschiedlichem Humusanteil angegeben. Sollten Sie andere Substrate verwenden, müssen die Lasten entsprechend korrigiert werden.
Dränageschicht, Mulchabdeckung und Pflanzen sind bei den angegebenen **Gewichten** berücksichtigt, jedoch keine weiteren Gestaltungselemente wie Steine und ähnliche Materialien.
Mulchabdeckungen sind bei halbschattigen Lagen nicht unbedingt, bei schattigen Lagen überhaupt nicht nötig. Hier stellen sich meist von selbst Moose ein. Bei Dachneigungen größer als 15° können keine Splittabdeckungen aufgebracht werden. Evtl. eingebaute Jutegewebe gehen in die Lastenberechnung nicht ein.

Rechte Seite:
Iris pumila (Zwerg-Schwertlilie), *Sedum sexangulare* (Milder Mauerpfeffer), *Briza media* (Zittergras), *Cytisus decumbens* (Niederliegender Geißklee), *Genista germanica* (Deutscher Ginster), *Armeria maritima* (Grasnelke).

Die **Pflanzen** für die einzelnen Beispiele naturnaher Dachbegrünungen sind standortgerecht zusammengestellt. Auch ihre Menge müssen Sie entsprechend Ihrer speziellen Dachgröße korrigieren. Mehrere Pflanzen einer Art sollten in Gruppen zu 3 bis 9 Stück zusammengepflanzt werden. In der Spalte „Bemerkungen“ finden Sie Informationen über Aussehen, Wuchsverhalten und besondere Bodenansprüche der Pflanzenart, die Sie bei der Gruppierung berücksichtigen sollten.
In der Spalte „Art“ werden folgende Abkürzungen verwendet:

BZ = Blumenzwiebel
ST = Staude
GR = Gras
ZG = Zwerggehölz
HG = Halbgehölz
F = Farn

Die Abbildungen sollen Ihnen eine Möglichkeit der Gestaltung mit heimischen Arten zeigen und einen Eindruck vermitteln, wie die Pflanzung nach ein bis drei Jahren aussehen könnte.

Ein sonniges Garagendach von 18 m² Fläche mit einer Neigung von 0 bis 3°

Dränageschicht: 4 cm Lava der Körnung 8/12 mm.
Substratschicht: 8 bis 10 cm eines Lava-Bims-Gemisches mit 8 bis 10 % Humusanteil.
Mulchdecke: 2 cm Splitt.
Gesamtgewicht des Aufbaus: Trockengewicht etwa 140 kg, im wassergesättigten Zustand etwa 170 kg/m².

Schichtaufbau 8 - 10 cm, bestehend aus Lava-Bims-Gemisch mit 8 - 10 % Humusanteil und einer Splittabdeckung
Gewicht bei maximaler Wasserkapazität 110 kg/m², Trockengewicht 90 kg/m².

Anzahl	Botanischer Name	Deutscher Name	Blüten	Blütezeit	Höhe	Art	Bemerkungen
15	Achillea nobilis	Edle Schafgarbe	cremeweiß	5-7	30-50	ST	Blütenstände bis Winter attraktiv
15	Allium flavum	Gelber Lauch	gelb	7-8	10-30	BZ	sät sich selbst aus
15	Allium sphaerocephalon	Kugellauch	purpur	7-8	40-60	BZ	sät sich selbst aus
10	Armeria maritima	Grasnelke	rosa	5-11	5-20	ST	wintergrün
10	Asperula cynanchica	Hügelmeister	rosa-weiß	6-8	10-30	ST	Futterpflanze für seltene Insekten
10	Aster amellus	Kalkaster	blau	8-10	20-50	ST	blüht im Spätsommer
10	Aster linosyris	Goldaster	gelb	8-9	15-40	ST	im Winter schön anzusehen
15	Briza media	Zittergras	zierlich	5-6	20-40	GR	sät sich selbst aus
15	Carex humilis	Niedrige Segge	kurz	3-5	3-15	GR	wintergrün, kriecht
10	Carlina vulgaris*	Golddistel	goldgelb	7-9	15-40	ST	wintergrün, Nahrung für Vögel
3	Cytisus decumbens*	Niederl. Geißklee	gelb	4-6	10-30	ZG	Substratschicht mind. 25 cm
15	Dianthus carthusianorum	Karthäusernelke	purpur	6-9	15-40	ST	sät sich selbst aus
15	Festuca amethystina	Amethystschwingel	fiedrig	6-8	5-15	GR	wintergrün, fiedrige Blütenstände
10	Galium verum	Echtes Labkraut	gelb	6-9	30-60	ST	wintergrün
10	Helianthemum nummularium	Sonnenröschen	gelb	6-9	10-30	ST	wintergrün
10	Iris pumila*	Zwerg-Schwertlilie	violett	4-5	5-15	ST	Substratschicht ca. 15 cm, große Blüten
20	Potentilla verna	Frühlingsfingerkraut	gelb	4-6	5-15	ST	wintergrün, kriecht
20	Sedum album	Weißer Mauerpfeffer	weiß	6-7	5-20	ST	wintergrün, kriecht
20	Sedum sexangulare	Milder Mauerpfeffer	gelb	6-7	5-15	ST	wintergrün, kriecht

* ist nur als Topfpflanze erhältlich, alle anderen Pflanzen im Multitopf (3 x 3 cm Wurzelballen)

Ein halbschattiges Carport-Dach von 36 m^2 Fläche mit einer Neigung von 0 bis 3°

Dränageschicht: 4 cm Dränagekies oder leichteres geeignetes Material.
Substratschicht: 8 bis 10 cm Lava-Bims-Gemisch, 8 bis 10 % Humusanteil.
Mulchdecke: 2 cm farblich passender Splitt oder Kalkschotter.
Gesamtgewicht des Aufbaus: Trockengewicht etwa 130 kg/m^2, in wassergesättigtem Zustand 150 kg/m^2.

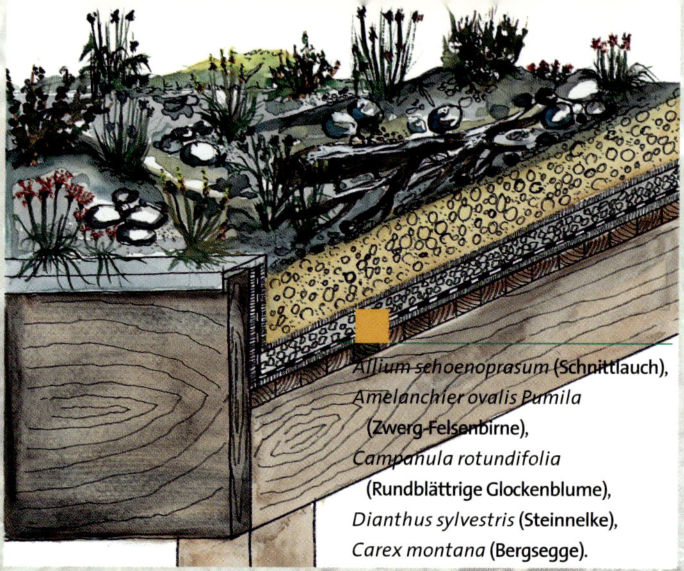

Allium schoenoprasum (Schnittlauch), *Amelanchier ovalis Pumila* (Zwerg-Felsenbirne), *Campanula rotundifolia* (Rundblättrige Glockenblume), *Dianthus sylvestris* (Steinnelke), *Carex montana* (Bergsegge).

Schichtaufbau 8 - 10 cm, bestehend aus Lava-Bims-Gemisch mit 10 - 12 % Humusanteil und Splittabdeckung
Gewicht bei maximaler Wasserkapazität 120 kg/m^2, Trockengewicht 95 kg/m^2.

Anzahl	Botanischer Name	Deutscher Name	Blüten	Blütezeit	Höhe	Art	Bemerkungen
20	Achillea millefolium	Schafgarbe	weiß	6-10	20-50	ST	sät sich selbst aus
20	Agrimonia eupatoria	Kleiner Odermennig	gelb	6-8	30-100	ST	lockt seltene Schmetterlinge an
20	Allium schoenoprasum	Schnittlauch	rosa	6-8	10-40	BZ	wintergrün
2	Amelanchier ovalis P.*	Zwergfelsenbirne	weiß	4-5	80-100	ZG	Substrat 20-30 cm
15	Anemone sylvestris	Großes Windröschen	weiß	4-6	15-40	ST	große Blüte
15	Anthericum ramosum*	Ästige Graslilie	weiß	6-8	30-50	ST	lockere Blütenrispen
3	Arctostaphylos uva-ursi*	Bärentraube	weiß	3-5	10-30	ZG	Substratschicht 20-30 cm
10	Asplenium trichomanes*	Brauner Streifenfarn			5-15	F	wintergrün
15	Campanula rotundifolia	Rundbl. Glockenblume	blau	6-9	10-40	ST	sät sich selbst aus
20	Carex montana	Bergsegge		3-5	10-20	GR	frühe Blüte
10	Chrysanthem. leucanth.	Margerite	weiß	6-10	30-60	ST	sät sich selbst aus
15	Corydalis lutea*	Gelber Lerchensporn	gelb	5-9	15-30	ST	Dauerblüher
15	Crocus angustifolius	Krokus	gelb	2-3	5-10	BZ	erster Blüher
15	Crocus tommasinianus	Elfenkrokus	lila	2-3	5-10	BZ	erster Blüher
15	Cymbalaria muralis*	Zimbelkraut	violett	6-9	5-20	ST	Dauerblüher, sät sich selbst aus
20	Dianthus sylvestris	Steinnelke	rosa	6-7	10-40	ST	wintergrün
15	Erodium cicutarium	Gew. Reiherschnabel	rosa	4-9	10-40	ST	Dauerblüher
20	Euphorbia cyparissias	Zypressenwolfsmilch	gelb	4-6	10-20	ST	schöne Herbstfärbung
15	Geranium robertianum	Ruprechts-Storchschn.	rosa	5-10	20-50	ST	rote Rosette, sät sich selbst aus
15	Glechoma hederacea	Gundelrebe	blau	4-6	10-30	ST	wintergrün, kriecht
10	Melica nutans	Nickendes Perlgras	nickend	5-6	30-50	GR	lockere Blütenrispen
15	Narcissus pseudon.	Narzisse	gelb	3-4	20-30	BZ	zieht früh ein
30	Origanum vulgare	Wilder Majoran	purpur	7-9	20-50	ST	lockt Schmetterlinge
30	Petrorhagia saxifraga	Felsennelke	rosa	6-9	10-25	ST	Dauerblüher, sät sich selbst aus
20	Plantago media	Mittlerer Wegerich	rosa	5-7	15-30	ST	wintergrün
2	Rosa pimpinell. repens*	Kriechende Bibernellrose	hellgelb	5-6	30-50	ZG	Substratschicht 20-30 cm
30	Teucrium chamaedrys	Gamander	rosa	7-8	15-30	HG	wintergrün, kriechend
20	Viola tricolor	Wildes Stiefmütterchen	gelb-blau	4-10	10-40	ST	Dauerblüher, sät sich selbst aus

* ist nur als Topfpflanze erhältlich, alle anderen Pflanzen im Multitopf (3 x 3 cm Wurzelballen)

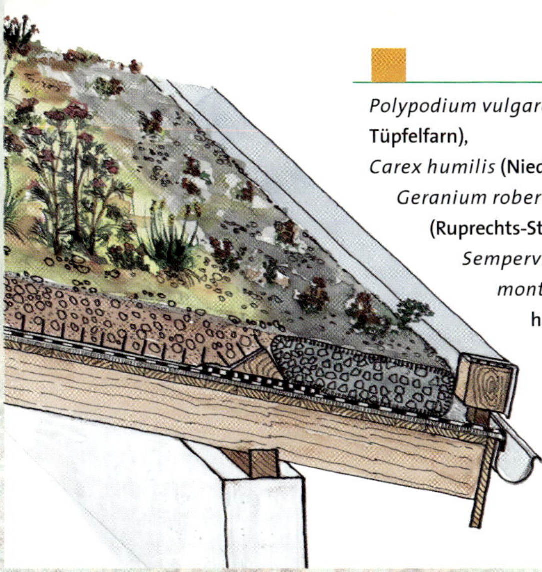

Polypodium vulgare (Gemeiner Tüpfelfarn), *Carex humilis* (Niedrige Segge), *Geranium robertianum* (Ruprechts-Storchschnabel), *Sempervivum montana* (Berghauswurz).

Ein schattiges geneigtes Dach von 25 m² Fläche mit einer Neigung von 10 bis 15°

Substratschicht: 16 bis 18 cm eines Lava-Bims-Gemisches mit 8 bis 10 % Humusanteil.
Mulchdecke: 2 cm Splitt oder Kalkschotter.
Gesamtgewicht des Aufbaus: Trockengewicht etwa 180 kg/m², im wassergesättigten Zustand etwa 230 kg/m².

Schichtaufbau 8 - 10 cm, bestehend aus Lava-Bims-Gemisch mit 8 - 10 % Humusanteil und Splittabdeckung
Gewicht bei maximaler Wasserkapazität 115 kg/m², Trockengewicht 90 kg/m².

Anzahl	Botanischer Name	Deutscher Name	Blüten	Blütezeit	Höhe	Art	Bemerkungen
40	Allium schoenoprasum	Schnittlauch	rosa	6-8	10-40	BZ	wintergrün
30	Carex humilis	Niedrige Segge	kurz	3-5	3-15	GR	wintergrün, kriechend
30	Carex montana	Bergsegge		3-5	10-20	GR	blüht früh
20	Cymbalaria muralis*	Zimbelkraut	violett	6-9	5-20	ST	Dauerblüher
20	Dianthus sylvestris	Steinnelke	rosa	6-7	10-40	ST	wintergrün
20	Geranium robertianum	Ruprechts-Storchschnabel	rosa	5-10	20-50	ST	rote Rosette
20	Petrorhagia saxifraga	Felsennelke	rosa	6-9	10-25	ST	Dauerblüher
10	Polypodium vulgare*	Gemeiner Tüpfelfarn			20-30	F	wintergrün
30	Sedum album 'Coral Carpet'	Weißer Mauerpfeffer	weiß	6-7	5-20	ST	rotes Laub
30	Sedum album 'Weiße Tatra'	Weißer Mauerpfeffer	weiß	6-7	5-20	ST	grünes Laub
30	Sedum floriferum 'Weihenstephaner Gold'	Fetthenne	gelb	6-9	10-15	ST	lange Blütezeit
30	Sedum reflexum	Tripmadam	gelb	6-8	15-25	ST	silbriges Laub
15	Sempervivum montanum	Berghauswurz	violett	7-8	10-15	ST	für geringe Substratstärke
15	Viola tricolor	Wildes Stiefmütterchen	gelb-blau	4-10	10-40	ST	Dauerblüher

* ist nur als Topfpflanze erhältlich, alle anderen Pflanzen im Multitopf (3 x 3 cm Wurzelballen)

Ein sonniges Dach für Insekten von 10 m² Fläche mit einer Neigung von 5 bis 10°

Substratschicht: 8 bis 10 cm eines Lava-Bims-Gemisches mit 8 bis 10 % Humusanteil.
Gesamtgewicht des Aufbaus: Trockengewicht ca. 90 kg/m², im wassergesättigten Zustand etwa 115 kg/m².

Polypodium vulgare (Gemeiner Tüpfelfarn), *Carex humilis* (Niedrige Segge), *Geranium robertianum* (Ruprechts-Storchschnabel), *Sempervivum montana* (Berghauswurz).

Schichtaufbau 16 - 18 cm, bestehend aus Lava-Bims-Gemisch mit 8 - 10 % Humusanteil und Splittabdeckung
Gewicht bei maximaler Wasserkapazität 230 kg/m², Trockengewicht 180 kg/m².

Anzahl	Botanischer Name	Deutscher Name	Blüten	Blütezeit	Höhe	Art	Bemerkungen
3	Adonis vernalis*	Adonisröschen	gelb	4-5	10-30	ST	blüht früh
10	Ajuga genevensis*	Behaarter Günsel	blau	4-5	15-30	ST	kriechender Wuchs
20	Allium rotundum	Kugellauch	violett	6-8	30-50	BZ	sät sich selbst aus
5	Anthemis tinctoria	Färberkamille	gelb	6-10	20-50	ST	Dauerblüher
5	Asperula tinctoria	Färbermeister	weiß	6-7	20-30	ST	lockerer Blütenschleier
5	Aster amellus	Kalkaster	blau	8-10	20-50	ST	attraktive Fruchtstände
3	Buphthalmum salicifolium	Ochsenauge	gelb	6-9	20-60	ST	attraktive Fruchtstände
7	Carlina acaulis*	Silberdistel	silber	7-9	10-30	ST	attraktive Fruchtstände
5	Centaurea scabiosa	Skabiosenflockenblume	purpur	6-9	50-100	ST	Dauerblüher
5	Clinopodium vulgare	Wirbeldost	purpur	7-10	30-60	ST	Dauerblüher
2	Cytisus nigricans*	Schwarzer Geißklee	gelb	6-8	50-100	ZG	20-30 cm Substratstärke
2	Cytisus purpureus*	Purpurgeißklee	rot	5-7	15-50	ZG	20-30 cm Substratstärke
3	Echium vulgare*	Natternkopf	blau	6-8	40-80	ST	Dauerblüher
3	Hyssopus officinalis	Ysop	violett	7-10	30-80	HG	20-30 cm Substratstärke
7	Lychnis viscaria	Pechnelke	rot	5-7	30-60	ST	wintergrün
5	Potentilla arenaria	Sandfingerkraut	gelb	3-5	5-15	ST	wintergrün, kriechend
5	Prunella grandiflora	Große Braunelle	violett	6-8	10-60	ST	wintergrün, kriechend
5	Salvia nemorosa	Steppensalbei	violett	6-9	30-40	ST	blüht im Spätsommer
10	Sedum sexangulare	Milder Mauerpfeffer	gelb	6-7	5-15	ST	wintergrün, kriechend
5	Sedum telephium ssp. telephium	Purpur-Fetthenne	purpur	9-10	20-40	ST	attraktive Fruchtstände
10	Thymus pulegioides	Gew. Thymian, Quendel	rosa	6-10	5-20	ST	Dauerblüher

* ist nur als Topfpflanze erhältlich, alle anderen Pflanzen im Multitopf (3 x 3 cm Wurzelballen)

Ein halbschattiges Vordach von 4 m² Fläche mit einer Neigung von 3 bis 10°

Substratschicht: 5 bis 8 cm eines Lava-Bims-Gemisches mit 4 bis 8 % Humusanteil.
Mulchdecke: 2 cm Splitt oder Kalkschotter.
Gesamtgewicht des Aufbaus: Trockengewicht etwa 70 kg/m², im wassergesättigten Zustand etwa 90 kg/m².

Lychnis viscaria (Rote Pechnelke), *Salvia nemorosa* (Steppensalbei), *Ajuga genevensis* (Genfer Günsel), *Cytisus nigricans* (Schwarzer Geißklee).

Schichtaufbau 5- 8 cm, bestehend aus Lava-Bims-Gemisch mit 5 - 8 % Humusanteil und Splittabdeckung
Gewicht bei maximaler Wasserkapazität 90 kg/m², Trockengewicht 70 kg/m².

Anzahl	Botanischer Name	Deutscher Name	Blüten	Blütezeit	Höhe	Art	Bemerkungen
3	Aster linosyris	Goldaster	gelb	8-9	15-40	ST	im Winter schön anzusehen
5	Gypsophila repens	Kriechendes Gipskraut	weiß-rosa	5-8	5-20	ST	Teppiche bildend
3	Iris pumila*	Zwerg-Schwertlilie	violett	4-5	5-15	ST	Substratschicht 15 cm
2	Melica ciliata	Wimperperlgras	hängend	5-6	30-50	GR	sommergrün
7	Sedum acre	Scharfer Mauerpfeffer	gelb	6-7	5-15	ST	
7	Sedum album	Weißer Mauerpfeffer	weiß	6-7	5-20	ST	wintergrün
7	Sedum floriferum 'Weihenstephaner Gold'	Fetthenne	gelb	6-9	10-15	ST	lange Blüten
7	Sempervivum tectorum	Dachhauswurz	hellrot	7-8	15-30	ST	Hungerkünstler
7	Thymus pseudolanguinosus	Felsenthymian	rosa	6-8	2-5	HG	Teppiche bildend

* ist nur als Topfpflanze erhältlich, alle anderen Pflanzen im Multitopf (3 x 3 cm Wurzelballen)

Die sonnige Seite eines Satteldaches von 10 m² Fläche mit einer Neigung von 15 bis 25° (mit eingebauten Schubschwellen oder Krallmatte)

Substratschicht: 8 bis 10 cm eines Lava-Bims-Gemisches mit 5 bis 10 % Humusanteil.
Gesamtgewicht des Aufbaus: Trockengewicht etwa 90 kg/m², im wassergesättigten Zustand etwa 115 kg/m².

Thymus serpyllum (Sandthymian), *Linaria vulgaris* (Gemeines Leinkraut), *Festuca ovina* (Schafschwingel), *Veronica spicata* (Ähriger Ehrenpreis).

Schichtaufbau 8 - 10 cm, bestehend aus Lava-Bims-Gemisch mit 5 - 10 % Humusanteil und Splittabdeckung
Gewicht bei maximaler Wasserkapazität 115 kg/m², Trockengewicht 90 kg/m².

Anzahl	Botanischer Name	Deutscher Name	Blüten	Blütezeit	Höhe	Art	Bemerkungen
20	Allium sphaerocephalon	Kugellauch	purpur	7-8	40-60	BZ	sät sich selbst aus
15	Antennaria dioica	Katzenpfötchen	rosa	5-6	5-15	ST	wintergrün
5	Asperula cynanchica	Hügelmeister	rosa-weiß	6-8	10-30	ST	Futterpflanze für Insekten
10	Carex humilis	Niedrige Segge	kurz	3-5	3-15	GR	wintergrün, kriechend
10	Festuca ovina	Schafschwingel	fiedrig	5-8	10-40	GR	wintergrün
10	Koeleria glauca	Blaugraues Schillergras	aufrecht	6-7	15-30	GR	wintergrün
5	Linaria vulgaris	Gemeines Leinkraut	gelb	6-10	20-60	ST	macht Wurzelausläufer
5	Melica ciliata	Wimperperlgras	grazil	5-6	30-50	GR	dekorativ
10	Petrorhagia saxifraga	Felsennelke	rosa	6-9	10-25	ST	Dauerblüher
10	Potentilla verna	Frühlingsfingerkraut	gelb	4-6	5-15	ST	wintergrün, kriechend
5	Sedum acre	Scharfer Mauerpfeffer	gelb	6-7	5-15	ST	wintergrün, kriechend
5	Sedum album	Weißer Mauerpfeffer	weiß	6-7	5-20	ST	wintergrün, kriechend
5	Sedum reflexum	Tripmadam	gelb	6-8	15-25	ST	silbriges Laub, wintergrün
10	Sempervivum tectorum	Dachhauswurz	hellrot	7-8	15-30	ST	Hungerkünstler
10	Thymus serpyllum	Sandthymian	rosa	6-9	5-15	HG	wintergrün, kriechend
5	Veronica spicata	Ähriger Ehrenpreis	blau	6-8	20-40	ST	im Winter attraktiv

alle Pflanzen im Multitopf (3 x 3 cm Wurzelballen)

Die schattige Seite eines Satteldaches von 10 m² Fläche mit einer Neigung von 15 bis 25° (mit eingebauten Schubschwellen oder Krallmatte)

Substratschicht: 8 bis 10 cm eines Lava-Bims-Gemisches mit 5 bis 10 % Humusanteil.
Gesamtgewicht des Aufbaus: Trockengewicht etwa 90 kg/m², im wassergesättigten Zustand etwa 115 kg/m².

Primula veris (Frühlingsschlüsselblume), *Prunella grandiflora* (Große Braunelle), *Viola tricolor* (Wildes Stiefmütterchen), *Cymbalaria muralis* (Zimbelkraut), *Asplenium trichomanes* (Brauner Streifenfarn).

Schichtaufbau 8 - 10 cm, bestehend aus Lava-Bims-Gemisch mit 5 - 10 % Humusanteil und Splittabdeckung
Gewicht bei maximaler Wasserkapazität 115 kg/m², Trockengewicht 90 kg/m².

Anzahl	Botanischer Name	Deutscher Name	Blüten	Blütezeit	Höhe	Art	Bemerkungen
10	Ajuga genevensis*	Behaarter Günsel	blau	4-5	15-30	ST	kriechender Wuchs
20	Allium schoenoprasum	Schnittlauch	rosa	6-8	10-40	BZ	wintergrün
5	Asplenium trichomanes*	Brauner Streifenfarn			5-15	F	wintergrün
10	Carex flacca	Blaugrüne Segge	nickend	5-7	30-60	GR	wintergrün
10	Carex montana	Bergsegge		3-5	10-20	GR	blüht früh
10	Cymbalaria muralis*	Zimbelkraut	hellviolett	6-9	5-20	ST	Dauerblüher
5	Erodium cicutarium	Gew. Reiherschnabel	rosa	4-9	10-40	ST	Dauerblüher
10	Glechoma hederacea	Gundelrebe	blau	4-6	10-30	ST	wintergrün, kriechend
5	Primula veris	Schlüsselblume	hellgelb	3-5	10-15	ST	blüht früh
15	Prunella grandiflora	Große Braunelle	blau-violett	6-8	10-60	ST	wintergrün, kriechend
20	Sedum floriferum 'Weihenstephaner Gold'	Fetthenne	goldgelb	6-9	10-15	ST	wintergrün, kriechend
10	Viola tricolor	Wildes Stiefmütterchen	gelb-blau	4-10	10-40	ST	Dauerblüher

* ist nur als Topfpflanze erhältlich, alle anderen Pflanzen im Multitopf (3 x 3 cm Wurzelballen)

Naturnahe Dächer

EINFACH PFLEGEN

Ein frisch bepflanztes Dach wird von der Farbe der Substrat- bzw. Mulchschicht dominiert, doch schon nach ein bis zwei Jahren bestimmen die Pflanzen das Bild und beginnen, zu der für sie typischen Jahreszeit zu blühen, um sich nach der Samenreife selbst auszusäen. Viele Arten können sich aber auch vegetativ durch Ausläuferbildung vermehren.

Natürliche Entwicklung

Wie auch auf den natürlichen Standorten variiert die Dachbegrünung in ihrer Artenzusammensetzung und der Anzahl der Pflanzen pro Art. Je besser eine Pflanzung an die Klima- und Bodenverhältnisse angepasst ist, desto weniger wird sie sich ändern. Da das Klima jedoch schwankt und die Bodenzusammensetzung sich mit zunehmendem Alter der Begrünung ändert, kann von keiner Dachbegrünung erwartet werden, dass sie über viele Jahre hinweg gleich aussieht.

Zu dichter Grasbewuchs sollte entfernt werden, damit andere Pflanzenarten wieder eine Chance haben.

Erstes Wachsen

Am Anfang der Entwicklung einer Neuanpflanzung steht das Wachstum der kleinen Pflänzchen, die von vornherein nicht dichter als mit 15 cm Pflanzabstand gesetzt werden sollten, da sie ansonsten bald um das wenige Wasser und die geringe Nährstoffkonzentration konkurrieren würden. Die Folge wäre ein Absterben der anfangs konkurrenzschwachen Arten und damit eine Minderung der Artenvielfalt. Umgekehrt soll jedoch ein Teil des Dachsubstrates recht bald von Pflanzen bedeckt sein, die es vor dem Austrocknen und Verwehen schützen. Da geeignete Pflanzen für Dachbegrünungen oft einen größeren Wurzelballen haben als ihre oberirdischen Teile, wird das Substrat auch schon ausreichend gesichert, wenn die oberirdische Pflanzendecke noch nicht vollständig geschlossen ist.
Manche Arten fühlen sich aber auch bei sorgfältigster Auswahl nicht wohl und sterben ab, oder es überleben nur

Kahle Stellen
Kahle Stellen auf dem Dach, die auch nach Jahren nicht besiedelt werden, weisen in der Regel auf zu große Trockenheit hin, aber auch Giftstoffe im Substrat können die Ursache sein. Überprüfen Sie erst die möglichen Ursachen genau, bevor Sie neue Pflanzen setzen. Vielleicht spiegelt eine Fensterscheibe und führt zu großer Hitze an dieser Stelle und damit zu Verbrennungen an den Pflanzen. Vielleicht liegt sie im Regenschatten oder die Substratdicke ist hier zu gering.

wenige Individuen einer Art, was von der unterschiedlichen Vitalität der Individuen abhängig ist. Alle diese Vorgänge führen dazu, dass auch ein gleichmäßig bepflanztes Dach bald lückig aussehen kann. Diese Lücken schließen sich bei fachgerechtem Aufbau und richtiger Pflanzenwahl aber in den ersten drei bis vier Jahren wieder.

Änderung der Vegetation

Nach einigen Jahren kann es in niederschlagsreichen Gegenden und/oder bei hohem Nährstoffgehalt des Substrats zum Vorherrschen von Gräsern kommen, die alle anderen Arten verdrängen und durch ihren dichten Filz auch keine Neubesiedlung durch Samen mehr zulassen. Diese Dächer sind zwar auch grün, in heißen Sommern aber schnell gelb bis braun, weil die Gräser relativ viel Wasser benötigen. Sie können sich nach einem heftigen Regen zwar schnell wieder regenerieren, ihre abgestorbenen Halme tragen jedoch zu einer weiteren Verfilzung bei, sodass bald Luftmangel im Substrat herrscht. Dies können Sie durch rechtzeitige Pflege verhindern. Solange auf ihrem Dach die Gräser dominieren, sollten Sie diese entweder mit der Hand oder durch vorsichtiges Harken entfernen. Dass dabei nur oberflächlich gearbeitet und die Dachhaut nicht verletzt werden darf, versteht sich von selbst. Die so entfernten Pflanzen müssen selbstverständlich vom Dach gebracht werden. Die neu entstandenen offenen Stellen können nun von den anderen Pflanzenarten besiedelt werden, was der dichte Grasaufwuchs vorher verhinderte.

Neuansiedlung

Auf den ausgesparten oder entstandenen Lücken können sich Arten ansiedeln, deren Samen vom Wind oder von Tieren auf das Dach gebracht wurden. Dies sollten wir als einen natürlichen und wünschenswerten Vorgang betrachten. Eine Vegetation, die sich von selbst ansiedelt, ist die natürlichste und auch meist vitalste Form der Begrünung. Es gibt allerdings Arten, die aus verschiedenen Gründen auf dem Dach nicht toleriert werden können.

Unerwünschte Dachbesiedler

Zu den Pionierpflanzen, die sich gern auf offenen Böden und damit auch Dächern ansiedeln, gehören einige Arten, die eine Gefahr für die Dachhaut darstellen. Ihre senkrecht wachsenden und spitzen Wurzeln können bei der Suche nach Wasser die Wurzelschutzfolie durchstoßen, selbst

Unerwünschte Pflanzen auf dem Dach:

- **Gehölze wie Birken, Pappeln, Erlen und baumartige Weiden,**
- **Stauden wie Kratzdistel und Löwenzahn,**
- **die Quecke und Schachtelhalme.**

Der Ruprechts-Storchschnabel hat sich auf diesem halbschattigen Dach angesiedelt, ob er entfernt werden muss, ist Einstellungssache.

wenn diese fachgerecht verlegt wurde. Ein jährlicher Kontrollgang und das Herausziehen der unerwünschten Arten ist jedoch völlig ausreichend, um diese Gefahr zu bannen.
Andere Arten verdrängen durch ihr kriechendes Wachstum und ihr Wuchern alle anderen Pflanzen vom Dach. Dazu gehören einige Kleearten und die Kanadische Goldrute. Auch hier ist eine Mulchdecke nützlich, denn sie mindert die Wahrscheinlichkeit des Keimens vieler unerwünschter Pflanzen, besonders wenn sie kalkhaltig ist. Ist sie allerdings dicker als zwei bis drei Zentimeter, können auch die erwünschten Pflanzenarten keine Nachkommen durch Aussamen mehr bilden.
Pilze und tierische Schädlinge, die dem Pflanzenbestand ernsthaften Schaden zufügen, kommen in der Regel auf einem extensiv oder naturnah bepflanzten Dach nicht vor. Dazu tragen einmal die extremen Klimabedingungen bei, aber auch die Pflanzen selbst. Durch Nährstoffarmut und Trockenheit haben sie weit widerstandsfähigere Außenschichten und Zellwände als ihre Verwandten nährstoffreicherer und feuchterer Standorte. Gegen beißende und saugende Insekten sind Dachpflanzen somit gut geschützt. Vereinzelt auftretende Blattläuse sind kein Problem, sondern Nahrung für Marienkäfer und Florfliegen. Der Einsatz von Bioziden verbietet sich auf dem Dach von selbst, denn in der Regel stellt sich schnell ein Gleichgewicht zwischen Schädlingen und natürlichen Schädlingsbekämpfern ein.

Tipp:

Achten Sie vorbeugend darauf, dass keine Blattläuse mit den Pflanzen auf das Dach geschleppt, nur sterile Komposte, wie z. B. Rindenkompost, als Humusgabe verwendet werden und im Herbst kein Falllaub auf dem Dach liegen bleibt.

Bewässerung

Das frisch bepflanzte Dach bedarf einer intensiven Bewässerung direkt nach der Pflanzung und dem Aufbringen des Mulchmaterials. Sie sollten damit gleich nach Abschluss aller Arbeiten beginnen, damit die Wurzeln der kleinen Pflanzen keinen Schaden erleiden. Die Pflanzarbeiten sollten am besten am späten Nachmittag oder an einem trüben Tag durchgeführt werden, damit zu dem fast unvermeidlichen Trockenstress nicht auch noch übermäßige Verdunstungsverluste durch Sonneneinstrahlung hinzukommen.

Erste Dusche

Nur wenige bepflanzte Dächer sind so klein, dass sie nach der Begrünung mit der Gießkanne bewässert werden können. Das trockene Substrat muss sich völlig vollsaugen können, was je nach Dicke bis zu 50 l/m^2 entsprechen kann. Ein Gartenschlauch ist also direkt nach der Bepflanzung unbedingt notwendig. Im Gegensatz zur Technik des Angießens ohne Brausevorsatz im Garten, wird das Dach mit einer Gießbrause, die es als Vorsatz für alle Schlauchsysteme zu kaufen gibt, bewässert. Der Wasserdruck darf dabei nicht zu hoch sein, damit das Substrat nicht von der Mulchdecke freigeschwemmt wird. Wie bei einem sanften Landregen sollten die Tropfen von oben auftreffen und dabei das Laub nicht beschädigen. Je nach Dachgröße kann diese erste Bewässerung ein bis mehrere Stunden dauern, sodass auch der Einsatz eines Gartenregners empfehlenswert sein kann. Eine sichtbare Regenrinne bei Traufentwässerung zeigt am besten, wenn das Substrat vollgesogen ist. Kommt hier das Wasser leicht trüb aus der Dränage an, kann die Bewässerung zunächst beendet werden. Bei Bodeneinläufen kann man eventuell akustisch am Fallrohr das Überlaufen hören.

Eine Gießbrause erzeugt einen sanften Regen, der die Pflanzen nicht schädigt und Substrat bzw. Mulchdecke nicht wegspült.

Künstlicher Regen

Da sich aber nicht alle Substratbestandteile im trockenen Zustand leicht benetzen lassen, muss eine intensive Bewässerung auch noch in den nächsten Tagen erfolgen. Je nach Jahreszeit und Wetter reichen zusätzliche Wassergaben ein- bis dreimal pro Woche in den ersten vier bis acht Wochen nach der Bepflanzung aus. Haben die Pflänzchen ihren ersten Schock überwunden, neue Wurzeln gebildet und beginnen zu wachsen, sollten die Wassergaben langsam eingestellt werden. Die Dachbegrünung soll ja im weiteren

Extensivbegrünungen, und dazu zählen wir auch naturnahe Anpflanzungen, machen nur direkt nach der Pflanzung einige Arbeit. Je nach Jahreszeit der Neuanlage steht hier die Bewässerung im Vordergrund, um den Pflanzen gute Anwachsbedingungen im neuen Substrat zu verschaffen. In der Regel ist dieser Mehraufwand aber nach einigen Wochen abgeschlossen und die weitere Pflege beschränkt sich auf einen Kontrollgang im Jahr, um unerwünschte Wildkräuter und Gehölze, die durch aggressive Wurzeln der Dachhaut schaden könnten, zu entfernen.

Verlauf von selbst mit den natürlichen Klimabedingungen auf dem Dach zurechtkommen.
Nur in extrem heißen Sommern, wenn die Sommergewitter ausbleiben, ist eine zusätzliche einmalige und intensive Beregnung sinnvoll. Geringe Wassergaben benetzen nur die oberste Bodenschicht und kommen den Pflanzenwurzeln nicht zugute, während durchdringendes Wässern den Wasserspeicher des Substrates, also alle Hohlräume in und zwischen des Körnchen, wieder auffüllt und damit nachhaltig wirkt. Je älter eine Begrünung jedoch ist, umso weniger Bewässerungsaufwand ist nötig, da sich die Pflanzengesellschaft in ihrer Artenzusammensetzung und Wuchsform an die vorherrschenden Klimabedingungen angepasst hat.

Intensivbegrünungen haben einen ähnlich hohen Pflegebedarf wie Gärten – sowohl direkt nach der Begrünung als auch in den nachfolgenden Vegetationsperioden –, nur dass hier die Pflege durch die exponierte und nicht immer leicht zugängliche Lage erschwert ist. Hier müssen alle Pflegearbeiten schon vor der Begrünung mit eingeplant und die dazu notwendigen technischen Einrichtungen wie Strom- und Bewässerungsleitungen verlegt werden.

Pflege

Die Dachbegrünung sollte einmal im Jahr gründlich kontrolliert werden. Dazu eignet sich am besten das Frühjahr.
Im Frühling, wenn keine Fröste mehr zu erwarten sind, können Sie jetzt die abgestorbenen Pflanzenteile, die teilweise Insekten als Winterquartier dienten, entfernen. Zwerggehölze werden auf Frostschäden untersucht und ein eventuell notwendiger Rückschnitt kann durchgeführt werden. Schäden am Substrataufbau durch Verwehung oder Abspülung sollten Sie jetzt ausbessern.
Ist die Bepflanzung schon dicht, können Sie nun auch Stauden für andere Gartenteile oder eine neue Dachbegrünung gewinnen. *Sedum-* und *Sempervivum-*Arten eignen sich beispielsweise auch für Trockenmauern, Mauerkronen, Steingärten und Pflasterfugen. Von ihnen können leicht Pflanzenteile abgelöst und wieder eingepflanzt werden.

Grasdächer können sie jetzt durchrechen und damit von trockenen Halmen befreien, um ein Verfilzen zu verhindern. Sie werden dabei nicht mit den Wurzeln entfernt, sondern nur ausgedünnt und von abgestorbenen Pflanzenteilen befreit. Die abgestorbenen Stängel und Samenstände anderer Pflanzen sollten nur entfernt werden, wenn ihre Masse zu groß und ihr Aussehen unschön geworden ist. Viele Halme dienen Insekten als Winterquartier und sollten, wenn überhaupt, nur im späten Frühjahr abgeschnitten werden. Außerdem schützen die abgestorbenen Halme die Pflanze selbst, da sich um sie herum ein kleines Schutzpolster bildet, das als Winterschutz (besonders bei Barfrösten) dient.

Im frühen Sommer wird auf reinen Grasdächern der jährliche Schnitt durchgeführt. Im Hochsommer kann bei lang anhaltender Trockenheit eine Bewässerung der Dachbegrünung nötig sein. Eine durchdringende Wassergabe ist dabei sinnvoller als mehrmaliges Besprühen. Danach ist die Kontrolle der Entwässerung sinnvoll. Auch das Entfernen unerwünschter Pflanzen, die sich aus feuchtem Substrat leichter herausziehen lassen, sollten Sie zu dieser Zeit vornehmen.

Im Herbst können Sie diese Kontrolle nochmals wiederholen. Das Falllaub sollte unbedingt entfernt werden. Abgestorbene Halme und Samenstände lassen Sie bitte als Winterquartier für Insekten stehen.

Im Winter bieten auf begrünten Dächern Hohlräume unter der Schneedecke, in Pflanzenpolstern und zwischen Steinen und Totholz Überwinterungsmöglichkeiten für Insekten.

Der Winter erfordert keinerlei Maßnahmen. Eine lockere Schneedecke ist der beste Frostschutz für die Pflanzen und sollte nicht festgetreten werden. Nur in der Neujahrsnacht können herumfliegende Feuerwerkskörper auf begrünten Dächern ohne Schneedecke und mit viel trockenen Halmen eine Gefahr darstellen. Ein oberflächlicher Flächenbrand schadet aber der Vegetation nicht und die mineralischen Substrate sind nicht brennbar. Lediglich angrenzende Bauteile, besonders wenn sie aus Holz sind, können gefährdet sein. In der Regel schützt jedoch der unbepflanzte Kiesstreifen vor einem Übergreifen der Flammen.

Pflanzenschutzmittel sollten auf einem Dach nie angewendet werden. Alle Biozide, ob gegen Pilzbefall, Insekten oder unerwünschte Wildkräuter, schädigen Vegetation, Boden und besonders das ökologische Gleichgewicht nachhaltig. Dies gilt auch für nicht industriell hergestellte natürliche Pflanzenschutzmittel. Die angegebenen Abbauzeiten gelten in der Regel für humose Böden mit viel höherer Bakterien- und Pilzaktivität, als das in den mageren Dachsubstraten der Fall ist. Über die Anreicherungen und die Wirkungen der Abbauprodukte ist in der Regel zu wenig bekannt, als das irgendeines der angebotenen Mittel als unbedenklich gelten kann. Falls Pilzbefall auftreten sollte, müssen die Ursachen dafür gesucht und beseitigt werden, die Pilze verschwinden dann ganz von selbst. Zu große Feuchtigkeit aufgrund zu starker Bewässerung ist eine mögliche Ursache, liegen gelassenes Laub von in der Nähe stehenden Bäumen eine andere. Es können auch Pilze mit dem Substrat eingeschleppt worden sein. Unter trockenen Bedingungen können sie aber auf Dauer nicht überleben.

Pflanzenschädigende Insekten müssen genauso wenig bekämpft werden wie die Pilze. Auch sie werden in der Regel mit den Pflanzen oder dem Substrat auf das Dach geschleppt, wo sie sich anfangs mangels Konkurrenz und Fressfeinden explosionsartig vermehren können. Auf Dauer haben sie keine Chance, denn bei naturnaher Bepflanzung und Gestaltung stellen sich bald Fressfeinde ein, die den reich gedeckten Tisch abräumen und ein weiteres Massenauftreten verhindern. Vereinzelte Blattläuse sind kein Grund zur Besorgnis. Gesunde Pflanzen verkraften durchaus, dass ein Teil von ihnen gefressen wird.

Eine **Düngung** von Extensivbegrünung und naturnahen Dachbegrünungen ist nicht nötig. Erst wenn die Vegetation deutlichen Nährstoffmangel anzeigt, was sich bei *Sedum*-Arten an der Rotfärbung normalerweise grüner Spross- und Blattteile erkennen lässt, wird manchmal eine Nachdüngung empfohlen. Abgesehen davon, dass

Achtung:

Herbizide oder Unkrautbekämpfungsmittel sind auf dem Dach wie auch im Garten absolut tabu. Sie schädigen alle grünen Pflanzen und das Bodenleben nachhaltig, auch wenn sie selektiv wirken sollen. Gegen unerwünschte Pflanzen hilft nur das Herausziehen derselben.

Die Pflege dieses Steildaches ist gefahrlos möglich.

die Rotfärbung auch am Naturstandort vorkommt, ist der Nährstoffeintrag durch die Luft in Form von angewehten Staubteilchen und durch Regen völlig ausreichend, um eine Extensivbegrünung über viele Jahre bzw. Jahrzehnte zu erhalten. Eine künstliche Düngung würde besonders die Gräser fördern, sich negativ auf die anderen Blütenpflanzen auswirken und wird meist beim nächsten Regen wieder ausgewaschen. Wenn eine Nachdüngung nach einigen Jahren unabdingbar erscheint, ist das lockere Einarbeiten von Horn-Blut-Knochenmehl in Verbindung mit einem Spurenelementdünger sinnvoller.
In der Regel entsteht auf einem extensiv begrünten Dach nach dem Vorbild eines mageren Standortes von selbst ein Gleichgewicht zwischen dem Nährstoffbedarf der Pflanzen, der Nährstoffumwandlung abgestorbener Pflanzenteile und angewehtem organischem Material im Substrat und der Nährstoffaufnahme der Pflanzenwurzeln.
Bei reinen Grasdächern kann eine Düngung erforderlich werden, was in der Folge aber auch mehrmaliges Mähen im Jahr notwendig macht. Umgekehrt können sich diese Intensivbegrünungen nach einigen Jahren in extensive Standorte umwandeln lassen, wenn nur noch gemäht wird, ohne nachzudüngen, und wenn die Bewässerung langsam reduziert wird. Sie werden auf diese Weise immer bunter und naturnaher, denn die schönsten und seltensten Blütenpflanzen wachsen auf den mageren Standorten, für deren Erhalt in der Natur und Nachahmung auf möglichst vielen Dachflächen an dieser Stelle ein letztes Mal geworben werden soll.

Tipp:

Flüssigdünger dürfen auf keinen Fall verwendet werden, weil sie die empfindlichen Pflanzenwurzeln schädigen, vom Substrat nicht gespeichert und mit dem nächsten Regen wieder ausgewaschen werden.

Mögliche Schäden

Staunässe

Wachsen an einer Stelle plötzlich feuchtigkeitsliebende Pflanzen, kann dies auf Staunässe hinweisen. Eine Senke bei Flachdächern oder eine Falte der Wurzelschutzfolie bei schrägen Dächern kann die Ursache sein. Bei kleinen Flächen ist dies eigentlich kein Schaden und muss auch nicht behoben werden, wenn das Dach dicht ist. Tritt dagegen eine großflächige Vernässung auf, ist entweder das Substrat zu lehm- bzw. tonhaltig und/oder das Dränagevlies hat sich zugesetzt, was ebenfalls auf falsche Substratwahl zurückzuführen ist. Bei Null-Grad-Dächern kann eine zu geringe Dränagekieshöhe oder ein verstopfter Bodeneinlauf die Ursache sein. Bei schrägen Dächern kann die Dachfläche unmittelbar vor der Traufdränage vernässen, was auf eine nicht richtig funktionierende Dränage hinweist. Bei steilen Dächern mit einge-

Die Katze fühlt sich hier sichtlich wohler als auf dem „heißen Blechdach“, kann aber unser Bestreben nach einem seltenen Magerstandort für Pflanzen zunichte machen, da sie Substrat und Mulchdecke gerne als Toilette benutzt.

bauten Schubschwellen kann sich ein streifenförmiges Vegetationsmuster als Folge des angestauten Wassers vor den Schwellen entwickeln. Die genannten Schäden müssen aber nur behoben werden, wenn echte Schäden an der Vegetation oder der Dachhaut entstehen oder die Entwässerung wie im Falle verstopfter Dränagen oder Abflüsse nicht mehr gewährleistet ist.

Beheben des Schadens: Es muss nicht in jedem Fall die gesamte Begrünung abgeräumt und erneuert werden. Zunächst ist die Ursache für die Schäden zu klären. Zur Überprüfung der Abflüsse und der Traufdränage ist es bereits ausreichend, wenn nur in der näheren Umgebung Pflanzen, Substrat und Kies entfernt und die Durchlässigkeit von Vlies und Abfluss geprüft werden. Im Falle einer ringförmigen Dränage um einen Bodeneinlauf oder einer Traufdränage kann ein verstopftes Vlies relativ problemlos ausgetauscht werden. Ist aufgrund zu feinstoffhaltigen Substrats zu befürchten, dass auch das neue Vlies bald wieder verstopfen wird, sollte vor die neue Dränage noch eine weitere, nicht vliesumwickelte Dränagepackung aus Schüttstoffen (z. B. ungebrochene Porotonkügelchen) ausgebracht werden. So können angeschwemmte Feinteilchen zum Teil noch vor dem Vlies abgefangen werden. Alle der Dränage dienenden Flächen dürfen nicht mit Substrat oder Mulchmaterialien bedeckt werden. Mit farblich passendem Kies bestreut, können sie trotzdem recht dekorativ aussehen.

Schäden an der Dachhaut

Sie haben ihre Ursache in der Regel nicht in der Begrünung, sondern sind auf konstruktive Mängel zurückzuführen. Vor allem bei der Herstellung von Anschlüssen wird nicht immer mit der nötigen Sorgfalt gearbeitet. Es ist daher unbedingt erforderlich, das Dach vor einer anstehenden Begrünung auf Dichtigkeit zu testen, besonders an den genannten Problemstellen. Sind keine Mängel vorhanden, können sie auch nicht durch eine Begrünung auftreten. Im Gegenteil schützen Substrat und Vegetation die Dachhaut besser vor Alterungsprozessen als übliche Kiesschüttungen. Undichtigkeiten können aber auch auftreten, wenn eine intakte Dachhaut bei den Begrünungsarbeiten verletzt wurde.

Beheben des Schadens: Es sollte immer eine Trennlage aus Vlies auf die Folie gelegt werden. Soll die Dachdichtung von einem anderen Unternehmen ausgeführt werden als die Begrünung, stellt die Vlieslage zudem aus Haftungsgründen eine sinnvolle Gewerketrennung dar. Wird das Vlies nicht mit spitzen Werkzeugen beschädigt, ist es ein ausreichender Schutz für die Wurzelschutzfolie. Lediglich schwere scharfkantige Steine müssen zusätzlich mit flachen Platten, Folien- und Vliesresten oder ähnlichen verrottungsfesten Materialien unterlegt werden.

Undichtigkeiten

Undichtigkeiten, die sich an der Unterseite des Daches zeigen, haben ihren Ursprung selten an der direkt darüber liegenden Stelle auf der Oberseite. Das Wasser läuft oft unter der Folie entlang, um dann an einer anderen Stelle auszutreten. Bei Betondecken sind dies die Nähte, bei Holzdecken ist es oft die niedrigste Stelle des Daches. Bevor Sie das ganze Dach abräumen, lohnt es sich, erst einmal die kritischen Stellen wie Schornsteinanschlüsse, Durchgänge von Entlüftungsrohren, Anschlüsse an aufsteigende Bauteilen u.Ä. zu untersuchen. Neuartige Klebstoffe und Dichtmittel lassen Reparaturen selbst bei Nässe zu und können auch bei konstruktiven Mängeln zur vorübergehenden Dichtung eingesetzt werden. Achten Sie aber immer auf die Verträglichkeit von Folie und Dichtmittel.

Beheben des Schadens: Großflächige Schäden sollten Sie vor einer anstehenden Reparatur von erfahrenen Landschaftsgärtnern bzw. Dachdeckern untersuchen lassen, damit die Schadensursache zweifelsfrei festgestellt werden kann.

Substratschwund

Substratschwund kann seine Ursache in Verdichtung, Absackung oder Windverwehung haben.

Beheben des Schadens: Substratverdichtungen können durch Auflockern mit geeignetem Gerät, welches die Dichtungsbahn nicht verletzen darf, behoben werden. Substratabsackungen, meist die Folge vorhergehender Verdichtungen, werden wieder aufgefüllt. Substratschwund durch Windverwehungen kann durch Auflegen von Rollrasen, Vegetationsmatten oder -säcken verhindert werden, da sie an den betreffenden Stellen immer wieder vorkommen können.

Vorkommende Schäden an extensiven und naturnahen Dachbegrünungen, deren mögliche Ursachen und Behebung

Substratschäden	
Substratsetzung durch Kornzertrümmerung infolge starken Frostes	frostfestes Substrat auffüllen, Mulchdecke erneuern
Substratschwund durch Abbau organischer Substanz	Substrat auffüllen, evtl. Mulchdecke erneuern
Substratverfrachtung infolge Windverwehung	Substrat auffüllen, windexponierte Stellen mit Kies oder Vegetationsmatten abdecken
Substratversauerung	Kalkschotter einarbeiten oder damit mulchen
Frostanhebungen infolge zu humusreichen und feuchten Substrates	Abmagerung des Substrates, Bewässerung einstellen, Dränage überprüfen
Vernässung infolge zu humusreichen und feuchten Substrates	Dränage überprüfen, evtl. Auflockern des Substrates, Einarbeiten mineralischer und porenreicher Schüttstoffe
Wassererosion an Steildächern infolge mangelnder Substratbedeckung	Substrateignung für Steildächer überprüfen (Benetzbarkeit, Bindigkeit, Nährstoffgehalt), dichtere Bepflanzung, evtl. Aufbringung von Vegetationsmatten und/oder Jutegeweben
Vegetationsschäden	
Windschur, Windbruch	Minderung der Windbelastung, andere Pflanzenwahl oder Abdeckung besonders windexponierter Stellen mit Steinen
Frostschäden, Frosttrocknis	Pflanzenwahl anpassen, ggf. wässern an frostfreien Tagen auf sonnigen Dachteilen, Nährstoffversorgung überprüfen
Trockenschäden infolge Nährstoffüberversorgung und dadurch zu große Blattmassen der Pflanzen oder falsche Pflanzenwahl	Substrat abmagern, Wassergaben anpassen, trockenresistente Arten wählen
Trockenschäden infolge zu geringer Substratschichtdicke	Pflanzenbestand baut sich in der Regel von selbst um, andernfalls Substratdecke erhöhen, Pflanzenwahl anpassen

Vorkommende Schäden an extensiven und naturnahen Dachbegrünungen, deren mögliche Ursachen und Behebung (Fortsetzung)

Auffällige Verfärbung der Blätter	Nährstoffversorgung und Schadstoffgehalt des Substrates überprüfen, ggf. nachdüngen
Massenauftreten tierischer Schädlinge durch Einschleppung	Abwarten, Pflanzen regenerieren sich i. d. R. wieder, abgestorbene Pflanzenteile entfernen, Nützlinge fördern
Auftreten von Pilzen durch Einschleppen mit organischen Zuschlagstoffen	Abwarten, nicht wässern, nicht düngen, Pilze verschwinden bei der nächsten Trockenphase von selbst wieder
Immissionsschäden durch Kamine an empfindlichen Pflanzen	Abluftwerte der Heizungsanlage überprüfen lassen, ggf. andere Pflanzenarten (Gräser)
Teilausfall der Vegetation auf weniger als 1/3 der Fläche	Abwarten, andere Pflanzen übernehmen meist die Bedeckung
Teilausfall der Vegetation auf mehr als 1/3 der Fläche	Ursachen erforschen (s.o.), wenn erkannt und behoben, nachpflanzen
Totalausfall der Vegetation bei Steildächern mit Vegetationsmatten im Sommer infolge falscher Pflanzen	Abwarten, Vegetation bildet sich oft neu, dies kann allerdings aufgrund der großen Masse abgestorbener Pflanzen lange dauern

Zehn Vorüberlegungen zu einer geplanten Dachbegrünung an einem bestehenden Nebengebäude (z. B. Garage):

1. Welche Dachlast verträgt das Gebäude? Wie ist die Gefällesituation?
2. Welche Begrünungsform und welche Pflanzenarten möchte ich, welche passt für das Dach?
3. Welches Substrat kommt in welcher Höhe in Frage?
4. Wie muss der Dachrand, wie die Entwässerung angepasst werden?
5. In welchem Zustand ist die Dachdichtung? Welche Folie, Trennlage etc. wähle ich?
6. Wie kommt das Substrat auf das Dach?
7. Welche Begrünungstechnik bevorzuge ich (Ansaat, Bepflanzung, Vegetationsmatte)?
8. Wie gestalte ich die Pflanzung, welche Pflanzen und Tiere möchte ich gern sehen?
9. Wie soll das Dach nach der Begrünung bewässert, wie später gepflegt werden?
10. Wie viele Helfer/innen stehen mir zu welchem Zeitpunkt zur Verfügung?

Bezugsquellen

Samen und Sedum-Sprossen, Versand
Rieger-Hofmann GmbH,
Dorfstraße 110,
74572 Blaufelden-Raboldshausen

Wildstauden und Wildgehölze, Versand
Gärtnerei Strickler,
Lochgasse 1,
55232 Alzey-Heimersheim

Vorkultivierte Vegetationselemente, Versand
Pflanzenkulturen Tolksdorf und Beckers,
Heidkamp,
24326 Kalübbe

Dachbegrünungssysteme
Re-natur,
Charles-Roß-Weg 24,
24601 Ruhwinkel

Optima, die Dachbegrüner GmbH,
Am Birkenstock 19,
72505 Krauchenwies

Dachbegrünungssubstrate
Vulcatec Riebensahm GmbH,
Gewerbegebiet 1,
56630 Kretz

Beratung, Informationen, Expertenadressen

Naturgarten e.V.,
Postfach 43 09 06,
80739 München

Bundesverband Garten- und Landschaftsbau (BGL),
Arbeitskreis Dachbegrünung,
Haus der Landschaft,
53602 Bad Honnef

Fachvereinigung Bauwerksbegrünung e.V.,
Lehrter Straße 16-17,
10557 Berlin-Tiergarten

Industrieverband Bitumen-, Dach- und Dichtungsbahnen,
Karlstraße 21,
60329 Frankfurt/M.

Gesellschaft für Umwelt und angepasste Technologie e.V.,
Postfach 15,
24601 Ruhwinkel

Institut Wohnen und Umwelt (IWU),
Annastraße 15,
64285 Darmstadt

Literatur

Ellenberg, H.: Vegetation Mitteleuropas mit den Alpen. 5. Aufl., Ulmer Verlag 1996.

Forschungsgesellschaft Landschaftsentwicklung - Landschaftsbau e. V. FLL (1991): In: Krupka, B.: Dachbegrünung. Pflanzen- und Vegetationsanwendung an Bauwerken. Ulmer Verlag 1992.

Grützmacher, B.: Grasdach - Aufbau, Konstruktion, Systeme. Callwey Verlag 1984.

Härtl, K.-H.: Dachbegrünung - Aufbau, Bepflanzung, Pflege. Naturbuch Verlag 1994.

Kolb, W. und Schwarz, T.: Dachbegrünung intensiv und extensiv. Ulmer Verlag 1999.

Krupka, B.: Dachbegrünung. Pflanzen- und Vegetationsanwendung an Bauwerken. Ulmer Verlag 1992.

Liesecke, H.-J. (1988): In: Krupka, B.: Dachbegrünung. Pflanzen- und Vegetationsanwendung an Bauwerken. Ulmer Verlag 1992.

Moritz, K.: Flachdachhandbuch. Flache und flach geneigte Dächer. 4. Aufl., Bauverlag GmbH.

RWE Energie: Bauhandbuch. 11. Ausgabe.

Stein, S.: Garten-Oasen auf Dächern und Terrassen. BLV Verlag 1998.

Stifter, R.: Dachgärten - Grüne Inseln in der Stadt. Ulmer Verlag 1988.

Bildquellen

Alle Fotos stammen von Brigitte und Michael Kleinod sowie Friedhelm Strickler.
Die Grafiken und Aquarelle wurden von Evelyn Roos-Wenzel gefertigt.

Die Deutschen Bibliothek -
CIP-Einheitsaufnahme

Kleinod, Brigitte:
Dächer begrünen / Brigitte Kleinod.
Unter Mitarb. von Friedhelm Strickler.-
Stuttgart (Hohenheim) : Ulmer, 2000
ISBN 3-8001-6689-5 (Deutschland)
ISBN 3-7040-1763-9 (Österreich)

E-Mail: info@ulmer.de
Internet: www.ulmer.de
Printed in Germany
Lektorat: Dr. Angelika Eckhard
Herstellung & DTP: Thomas Eisele
Druck: Appl, Wemding

Register

Fett gedruckte Seitenzahlen verweisen auf Abbildungen.

Hier finden Sie noch mehr Ideen zur Gartengestaltung.

Was Sie bei der Pflanzung einer Hecke beachten müssen, wie Sie die Pflanzen im Laufe des Jahres pflegen sollten und welche Arten auf welchem Standort optimal gedeihen, erfahren Sie in diesem Ratgeber. In anschaulichen Schritt-für-Schritt-Anleitungen wird jeder Handgriff erklärt, der für den zukünftigen Heckenbesitzer wichtig ist. Auch Möglichkeiten zur Integration von Altbeständen werden vorgeschlagen. **Bunte Hecken und grüne Grenzen**. *Gregor Dietrich, Katharina Galbavy. 2000. 96 Seiten, 91 Farbfotos, 14 Zeichnungen. ISBN 3-8001-3136-6.*

Der Ratgeber befasst sich neben Schritt-für-Schritt-Erklärungen zur Pflanzung vor allem mit der richtigen Anwendung von Stauden und mit erprobten Kombinationen. Anschauliche Zeichnungen leiten auch unerfahrene Gärtner so an, dass typische Fehler vermieden werden können. Zu jedem Themenbereich, ob Stauden für den Schatten, Stauden für den Teichrand oder für den Steingarten, Stauden mit leuchtender Herbstfärbung oder schönem Fruchtschmuck, finden sich praktische Tabellen. **Stauden im Garten**. *Daniel Böswirth, Alice Thinschmidt. 2000. 96 Seiten, 94 Farbfotos, 16 Zeichnungen. ISBN 3-8001-3137-4.*

Sprudelnd, fließend, spritzend, schäumend – lebendiges Wasser bedeutet für jede Art von Garten ein ungemein schmückendes Element. Wo Platz zur Verfügung steht, kann ein Bachlauf mit Quelle einen Gartenbereich verzaubern. Der Autor zeigt die unterschiedlichen Gestaltungsmöglichkeiten auf, für private Gärten ebenso wie für öffentliche Bereiche. Praxiserprobte Informationen zur Technik veranschaulichen dem handwerklich geschickten Gartenfreund wie auch dem Garten- und Landschaftsarchitekten, GaLaBauer oder Stadtplaner, worauf es bei der Planung und beim Bau von Brunnen und Wasserläufen ankommt. **Lebendige Wasser**. *Wasserläufe und Brunnen. Winfried zur Hausen. 1998. 141 S., 85 Farbf., 42 Zeichn. ISBN 3-8001-6638-0.*

Man kann es ahnen: die Gartenlust am Hang ist eine ganz besondere! Gärtner, Planer und Grundstückseigner werden hart gefordert. Die Suche nach Hilfe, Tipps und Hinweisen, ein solches Gelände zu bewältigen, trübt die erträumten Freuden. Das Buch schafft hier Abhilfe. **Gärten am Hang**. *Gestaltungsformen – Nutzbarkeit – Materialverwendung. Peter Wirth. 1999. 192 S., 104 Farbf., 39 farb. Zeichn., 213 sw-Zeichn. ISBN 3-8001-6645-3.*

Noch mehr Literaturempfehlungen.

Der Autor erläutert die Gestaltungsmöglichkeiten mit Pflaster aus Naturstein, stellt das Material vor und erklärt Schritt für Schritt die Technik der Verarbeitung. Bis ins Detail erfährt der Leser, wie die Verlegemuster Kreise, Reihen, Schuppen, Segmentbögen oder sogar noch wendigere Ornamente zustandekommen. Dazu liefert der Autor zahlreiche Ideen für einen kreativen Einsatz von Natursteinpflaster in individuell gestalteten Gärten.
Pflastern mit Naturstein. *Volker Friedrich. 1999. 135 S., 20 Tab., 107 Farbf., 43 Zeichn. ISBN 3-8001-5078-6*

Dieses ausführliche Werk vermittelt Ihnen einen vertiefenden Einblick in die Besonderheiten der Dachbegrünung. Schwerpunkte dabei sind bau- und vegetationstechnische Hinweise für die Planung, Ausführung und Pflege. Die Grundsätze der Pflanzenverwendung werden mit entsprechenden Beispielen vermittelt. Fachleute und Praktiker finden viele neue Anregungen und Arbeitshilfen.
Dachbegrünung – intensiv und extensiv. *Walter Kolb, Tassilo Schwarz. 1999. 213 S., 156 Farbf., 46 Zeichn., 25 Tab. ISBN 3-8001-5075-1.*

Kräutergärten erfreuen sich zunehmender Beliebtheit. Der Genuss frischer Kräuter ist aber auch Pflanzenfreunden möglich, die über keinen Garten verfügen. Fast alle Kräuter lassen sich problemlos in Töpfen kultivieren oder in größeren Behältern zu stimmungsvollen Arrangements zusammenstellen. Auf diese Weise kann jede Terrasse und jeder Balkon zu einem Kräuterparadies gestaltet werden. Selbst im Blumenkasten auf dem Fensterbrett ist es möglich, manche Gewürzkräuter zu ziehen.
Der Kräutergarten auf Balkon und Terrasse. *Miriam Wiegele. 2000. 96 S., 76 Farbf., 20 Zeichn. ISBN 3-8001-3135-8.*

Schritt für Schritt werden die neuen und alten Methoden erläutert, Gehölze, Stauden, Ein- und Zweijährige, Zwiebel- und Knollenpflanzen, Sukkulenten und Kakteen sowie Gemüse zu vermehren. Hält man sich an die präzisen Darstellungen und Erläuterungen dieses praktischen Ratgebers mit seinen 1800 farbigen Abbildungen, ist der Erfolg im Garten, im Glashaus oder auf der Fensterbank gesichert. Die 1500 Pflanzen werden alphabetisch nach Lebensformen gruppiert aufgeführt.
Handbuch der Pflanzenvermehrung. *Royal Horticultural Society, Alan Toogood (Hrsg.). 2000. 319 S., 1800 Abb. ISBN 3-8001-6682-8.*